U0943601

◆根据最新准则编写　◆强调理论，注重实战　◆案例丰富全面　◆账务处理清晰

会计实务示范手册系列丛书

房地产企业

会计实务示范手册

主　编／杨爱义 陈强

SPM
南方出版传媒
广东经济出版社

图书在版编目（CIP）数据

房地产企业会计实务示范手册 / 杨爱义，陈强主编. —广州：广东经济出版社，2015. 3
（会计实务示范手册系列丛书）
ISBN 978 - 7 - 5454 - 3874 - 1

Ⅰ. ①房… Ⅱ. ①杨… ②陈… Ⅲ. ①房地产企业 - 会计实务 - 手册 Ⅳ. ①F293. 33 - 62

中国版本图书馆 CIP 数据核字（2014）第 013609 号

出版发行	广东经济出版社（广州市环市东路水荫路 11 号 11 ~ 12 楼）
经销	全国新华书店
印刷	中山市国彩印刷有限公司 （中山市坦洲镇彩虹路 3 号）
开本	787 毫米 × 1092 毫米 1/16
印张	15. 5
字数	312 000 字
版次	2015 年 3 月第 1 版
印次	2015 年 3 月第 1 次
印数	1 ～ 4 000 册
书号	ISBN 978 - 7 - 5454 - 3874 - 1
定价	39. 00 元

如发现印装质量问题，影响阅读，请与承印厂联系调换。
发行部地址：广州市环市东路水荫路 11 号 11 楼
电话：（020）38306055 38306107 邮政编码：510075
邮购地址：广州市环市东路水荫路 11 号 11 楼
电话：（020）37601950 营销网址：**http://www. gebook. com**
广东经济出版社新浪官方微博：**http://e. weibo. com/gebook**
广东经济出版社常年法律顾问：何剑桥律师
· 版权所有 翻印必究 ·

前 言

房地产又称不动产，房地产开发产品本身不能移动。房地产开发产品的不可移动性决定了其位置的固定性，而且房产和地产都具有开发周期长、投资大、单项产品价值高等特点，这些特点决定了开发经营过程的复杂性和风险性。

复杂性包括两个方面：一是经营业务内容复杂，囊括了从征地、拆迁、勘察、设计、施工、销售到售后服务的全过程。二是涉及面广。风险性是指经济往来对象多，在房地产开发中存在着市场风险、政策风险等外部风险和经营风险、财务风险等内部风险。开发产品单位价值高、建设周期长决定了相比其他行业，房地产行业承担着更大的风险。

产品本身和其在开发经营过程中的特点，使房地产企业与一般工商企业的生产经营相比，在会计核算上存在差异。在遵循《企业会计准则》和《小企业会计准则》并参照财政部新颁布的《企业产品成本核算制度》的基础上，我们组织会计理论界专家和具有多年房地产企业从业经验的实务工作者编写了这本《房地产企业会计实务示范手册》。

全书分十三个章节，从货币资金到所有者权益以及财务报告，分别介绍会计核算的范围、规范、注意事项、核算依据、计算方法，然后紧扣房地产企业的业务特点，通过业务介绍、实例示范，突出房地产企业成本核算和收入与成本结转环节，从土地的取得到开发成本的归集，以及配套设施的核算，使读者在了解房地产企业开发流程的基础上，通过示范熟悉其会计实务的具体工作。

在本书的编写过程中，我们改变了过去理论部分长篇累牍、实务部分原始单据复制罗列的编写风格，使用通俗的语言，简明扼要地介绍基本的原理和方法；使用贴近实务的典型案例，清晰地示范账务处理流程。我们相信通过本书对该行业完整的知识体系的铺垫、清晰的会计核算规范、贴切的实务业务描述、手把手的记账凭证示范，能够为读者分层次地了解、熟悉、掌握该行业的会计实务操作方法和向更高层次迈进提供帮助。

本书可作为会计或税务实务工作者的工具书，大中专院校财务会计专业相关学生教材和各种培训机构的培训教材或参考书，会计或税务工作者、爱好者自学指导书。

由于编写时间仓促，书中难免存在不足之处，再次恳请读者谅解，并希望读者提出宝贵意见，以便我们日后修订完善。

目 录

附录

第1章

货币资金的会计核算

货币资金是指企业生产经营过程中处于货币形态的资产，它是企业中最活跃的资产，是企业的重要支付手段和流通手段。

货币资金作为资产负债表中的一个流动资产项目，按其形态和用途不同可分为库存现金、银行存款和其他货币资金。

1.1 货币资金概述

1.1.1 货币资金的特点

货币资金是指可以立即投入流通，用以购买商品或劳务，用以偿还债务的交换媒介物。作为企业生产经营过程中不可缺少的一部分，货币资金有以下特点：

特点	内容
流动性强	在流动资产中，货币资金的流动性最强，并且是唯一能够直接转化为其他任何资产形态的资产，也是唯一能代表企业现实购买力水平的资产
管理严格	货币资金的流动性决定了国家对其管理要求的严格性，企业应建立有效的内部控制制度，以确保货币资金的有效使用和安全完整
经营必需	为确保生产经营活动的正常进行，企业必须拥有一定数量的货币资金，以便购买材料、交纳税金、发放工资、支付利息及股利或进行投资等

1.1.2 货币资金的相关规定

1. 现金管理制度

1）现金的支付范围。

现金的支出范围包括：职工工资、津贴；个人劳务报酬；根据国家规定颁发给个人的科学技术、文化艺术、体育等各种奖金；各种劳保、福利费用以及国家规定的对个人的其他支出；向个人收购农副产品和其他物资的款项；出差人员必须随身携带的差旅费；结算起点以下的零星支出；中国人民银行确定需要支付现金的其他支出。

2）现金的库存限额。

现金的库存限额是指为了保证企业日常零星开支的需要，允许单位留存现金的最高数额。这一限额由开户银行根据单位的实际需要核定，一般按照单位3－5天的日常零星开支的需要确定，边远地区和交通不便的地区开户银行的库存现金限额，可按多于5天但不超过15天的日常零星开支的需要确定。

3）现金收支的规定。

现金收支过程中不得“坐支”现金；收支的现金必须入账；不准用不符合国家统

一的会计制度的凭证顶替库存现金，即不得“白条顶库”；不准谎报用途套取现金；不准用银行账户代其他单位和个人存入或支取现金；不准用单位收入的现金以个人名义存入储蓄；不准保留账外公款，即不得“公款私存”，不得设置“小金库”等。

4）现金盘点的规定。

应建立健全库存现金的定期盘点和不定期盘点相结合的制度。清查的方法主要是实地盘点。清查包括出纳人员自查和清查小组监盘两种清查形式。出纳人员应当每日清点现金。

由清查小组进行的监盘，应在清查小组人员在现场的情况下，由出纳人员清点现金，核对账款。当清查中发现用借条、白条等不符合会计制度的凭证顶替现金时，应按规定处理纠正。清查后，根据清查结果填写现金盘点报告单，写明现金实存、账存及盈亏情况，并据以编制会计分录。

2. 银行账户分类

1）基本存款账户。

基本存款账户是指企业办理日常转账结算和现金收付的账户，工资、奖金等现金的支取只能通过本账户办理。企业可以自主选择银行，银行也可以自主选择存款人。但一个企业只能选择一家银行的一个营业机构开立一个基本存款账户，不得在多家银行机构同时开立基本存款账户。

2）一般存款账户。

一般存款账户是指企业因借款或其他结算需要在基本存款账户开户银行以外的银行营业机构开立的银行结算账户，企业可以通过本账户办理转账结算和现金交存，但不能办理现金的支取。

3）临时存款账户。

临时存款账户是指企业因临时需要并在规定期限内使用而开立的账户，本账户可以办理转账和根据国家现金管理的规定办理现金收付。

4）专用存款账户。

专用存款账户是指企业为对其特定用途资金进行专项管理和使用而开立的账户。

3. 其他货币资金的内容

1）银行汇票存款。

银行汇票是由出票银行签发的，由其在见票时按照实际结算金额无条件支付给收款人或者持票人的票据。

2）银行本票存款。

银行本票是由银行签发的，承诺自己在见票时无条件支付确定的金额给收款人或者持票人的票据。

3）信用卡存款。

信用卡存款是指企业为取得信用支付而存入银行信用卡专户的款项。

4）存出投资款。

存出投资款是指企业已存入证券公司专款账户但尚未进行投资的资金。

5）外埠存款。

外埠存款是指企业为了到外地进行临时或零星采购，而汇往采购地银行开立采购专户的款项。

1.1.3 货币资金的核算内容

货币资金核算包括"库存现金""银行存款""其他货币资金"三个会计科目，各科目进行明细核算，借记增加贷记减少，期末余额在借方，表示期末货币资金的实有数。

会计科目	核算内容
库存现金	库存现金通常是指存放于企业财会部门、由出纳人员经管的货币 库存现金是企业流动性最强的资产，企业应当严格遵守国家有关现金管理制度，正确进行现金收支的核算，监督现金使用的合法性与合理性 为了全面、连续地反映和监督库存现金的收支和结存情况，企业应当设置现金总账和现金日记账，分别进行企业库存现金的总分类核算和明细分类核算
银行存款	银行存款是企业存放在银行或其他金融机构的货币资金 企业应根据业务需要，按照规定在其所在地银行开设账户，运用所开设的账户，进行存款、取款以及各种收支转账业务的结算 企业应当设置银行存款总账和银行存款日记账，分别进行银行存款的总分类账核算和明细分类账核算。企业可按开户银行和其他金融机构、存款种类等设置"银行存款日记账"，根据收付款凭证，按照业务的发生顺序逐笔登记。每日终了，应结出余额
其他货币资金	其他货币资金是指企业除现金、银行存款以外的其他各种货币资金，主要包括银行汇票存款、银行本票存款、信用卡存款、信用证保证金存款和外埠存款等

1.2 库存现金的核算示范

1.2.1 库存现金收支的核算

1. 库存现金收支的核算内容

业务类型	会计分录
库存现金增加	借：库存现金 　贷：相关科目
库存现金减少	借：相关科目 　贷：库存现金

2. 库存现金收支的核算示范

【例1-1】苏州江秀房地产开发有限公司2013年5月1日预收“锦绣家园”项目购房者钱明房款20 000元。

账务处理如下：

记账凭证

2013年5月1日　　　　第　号

摘要	总账科目	明细科目	三级明细	借方	贷方	记账
预收房款	库存现金			20 000		
	预收账款	锦绣家园	钱明		20 000	
附件：　张						
合计				20 000	20 000	

会计主管：××× 记账：××× 复核：××× 出纳：××× 制单：×××

【例1-2】苏州江秀房地产开发有限公司2013年5月1日将收取的现金310 000元送存银行。

账务处理如下：

记账凭证

2013 年 5 月 1 日　　　　　　第　号

摘要	总账科目	明细科目	三级明细	借方	贷方	记账
送存银行	银行存款	建行城中支行		310 000		
	库存现金				310 000	
附件：　张						
合计				310 000	310 000	

会计主管：××× 记账：××× 复核：××× 出纳：××× 制单：×××

1.2.2 库存现金清查的核算

1. 库存现金清查的核算内容

业务类型		会计分录
现金短缺	发现现金短缺时	借：待处理财产损溢 　贷：库存现金
	查明原因（或无法查明原因）后	借：管理费用（或其他应收款） 　贷：待处理财产损溢
现金溢余	发现现金溢余时	借：库存现金 　贷：待处理财产损溢
	查明原因（或无法查明原因）后	借：待处理财产损溢 　贷：营业外收入（或其他应付款）

2. 库存现金清查的核算示范

【例 1-3】 2013 年 5 月 31 日，苏州江秀房地产开发有限公司组织现金盘点，并编制现金盘点表。发现现金短缺 300 元。经查，原因为出纳人员唐美失职造成短缺 100

元，经批准由出纳人员赔偿。另外200元无法查明原因，作为管理费用处理。

账务处理如下：

记账凭证

2013年5月31日　　　　第　号

摘要	总账科目	明细科目	三级明细	借方	贷方	记账
现金盘亏	待处理财产损溢	待处理流动资产损溢		300		
	库存现金				300	
附件：　张						
合计				300	300	

会计主管：×××　记账：×××　复核：×××　出纳：×××　制单：×××

记账凭证

2013年5月31日　　　　第　号

摘要	总账科目	明细科目	三级明细	借方	贷方	记账
出纳赔偿	其他应收款	唐美		100		
	管理费用			200		
	待处理财产损溢	待处理流动资产损溢			300	
附件：　张						
合计				300	300	

会计主管：×××　记账：×××　复核：×××　出纳：×××　制单：×××

【例 1 -4】2013 年 6 月 30 日，苏州江秀房地产开发有限公司组织现金盘点，并编制现金盘点表。发现现金盈余 200 元，经查，原因不明，经批准转入营业外收入。

账务处理如下：

记账凭证

2013 年 6 月 30 日　　　　第　号

摘要	总账科目	明细科目	三级明细	借方	贷方	记账
现金盘盈	库存现金			200		
	待处理财产损溢	待处理流动资产损溢			200	
附件：　　张						
合计				200	200	

会计主管：××× 记账：××× 复核：××× 出纳：××× 制单：×××

记账凭证

2013 年 6 月 30 日　　　　第　号

摘要	总账科目	明细科目	三级明细	借方	贷方	记账
批准转收入	待处理财产损溢	待处理流动资产损溢		200		
	营业外收入				200	
附件：　　张						
合计				200	200	

会计主管：××× 记账：××× 复核：××× 出纳：××× 制单：×××

1.3 银行存款的核算示范

1.3.1 银行存款结算的核算

1. 银行存款结算的核算内容

业务类型	会计分录
款项存入银行时	借：银行存款 　贷：有关科目
提取现金或支付款项时	借：相关科目 　贷：银行存款

2. 银行存款结算的核算示范

【例1－5】2013年5月6日，苏州江秀房地产开发有限公司收到银行通知，收到“锦绣家园”购房者李建军电汇购房款300 000元。

账务处理如下：

记账凭证

2013年5月6日　　　　第　号

摘要	总账科目	明细科目	三级明细	借方	贷方	记账
收到购房款	银行存款	建行城中支行		300 000		
	应收账款	李建军			300 000	
附件：　张						
合计				300 000	300 000	

会计主管：×××　记账：×××　复核：×××　出纳：×××　制单：×××

【例1－6】2013年5月15日，苏州江秀房地产开发有限公司从银行提取现金50 000元备用。

账务处理如下：

记账凭证

2013年5月15日　　　　　　第　号

摘要	总账科目	明细科目	三级明细	借方	贷方	记账
提取现金	库存现金			50 000		
	银行存款	建行城中支行			50 000	
附件：　张						
合计				50 000	50 000	

会计主管：×××　记账：×××　复核：×××　出纳：×××　制单：×××

1.3.2 银行存款余额调节表的编制

1. 银行存款余额调节表的编制内容

银行存款余额调节表是在银行对账单余额与企业账面余额的基础上，各自加上对方已收、本单位未收账项数额，减去对方已付、本单位未付账项数额，以调整双方余额使其一致的一种调节表。银行存款余额调节表的调节内容有四项：

（1）企业银行存款账面余额+银行已收而企业未收款项。

（2）企业银行存款账面余额-银行已付而企业未付款项。

（3）银行对账单存款余额+企业已收而银行未收帐项。

（4）银行对账单存款余额-企业已付而银行未付帐项。

2. 银行存款余额调节表的编制示范

【例1-7】2013年5月20日，苏州江秀房地产开发有限公司银行存款日记账的账面余额为54 000元，银行对账单上的企业银行存款的余额是83 000元。

经逐笔核对后发现有以下几笔未达账项：

（1）企业于19日将从客户收到的转账支票60 000元送交银行，企业已入账，银行尚未入账。

（2）企业于15日开出转账支票45 000元，企业已付款入账，但持票人尚未到银行办理转账，银行尚未入账。

（3）企业委托银行代收出租房租金48 000元，银行已经收款入账，但企业尚未收到银行收款通知，尚未入账。

（4）银行为企业代付电费4 000元，企业尚未收到银行的付款通知，尚未入账。

根据上述资料，编制的银行存款余额调节表如下：

银行存款余额调节表

2013年5月20日

项目	金额	项目	金额
企业银行存款日记账余额	54 000	银行对账单余额	83 000
加：银行已收、企业未收款	48 000	加：企业已收、银行未收款	60 000
减：银行已付、企业未付款	4 000	减：企业已付、银行未付款	45 000
调节后的存款余额	98 000	调节后的存款余额	98 000

1.4 其他货币资金的核算示范

1.4.1 银行存款结算的核算内容

业务类型	会计分录
其他货币资金增加时	借：其他货币资金 　贷：银行存款
其他货币资金减少时	借：有关科目 　贷：其他货币资金

1.4.2 银行存款结算的核算示范

【例1－8】苏州江秀房地产开发有限公司向南京鑫鑫大众汽车销售有限公司购买一辆轿车，2013年3月17日，向银行申请办理银行汇票，将银行存款250 000元转作银行汇票存款。

账务处理如下：

记账凭证

2013年3月17日　　　　第　号

摘要	总账科目	明细科目	三级明细	借方	贷方	记账
取得银行汇票	其他货币资金	银行汇票		250 000		
	银行存款	建行城中支行			250 000	
附件：　张						
合计				250 000	250 000	

会计主管：×××　记账：×××　复核：×××　出纳：×××　制单：×××

【例1-9】2013年3月25日，苏州江秀房地产开发有限公司办理好车辆上路手续，实际结算金额为246 000元，当日收到银行多余款收账通知，汇票多余金额4 000元，已退回公司账户。

账务处理如下：

记账凭证

2013年3月25日　　　　第　号

摘要	总账科目	明细科目	三级明细	借方	贷方	记账
退回多余款	银行存款			4 000		
新购轿车	固定资产	车辆		246 000		
	其他货币资金	银行汇票			250 000	
附件：　张						
合计				250 000	250 000	

会计主管：×××　记账：×××　复核：×××　出纳：×××　制单：×××

第2章

往来款项的会计核算

往来款是以会计手段反映企业在生产经营过程中因发生供销产品、提供或接受劳务而形成的债权、债务关系的记录，它表示的是企业收款的权利或付款的义务，具有法律效力。加强各种往来款的管理，可有效地防止虚盈或潜亏，有利于真实地反映企业的经营成果。

狭义的往来款项包括应收账款、应付账款、预收账款、预付账款、其他应收款和其他应付款；广义的往来款项还包括应收票据、应付票据、应付职工薪酬、应交税费、长期应收款、长期应付款等。本章将对狭义的往来款项进行核算示范。

2.1 资产类往来款项科目的核算

往来款项中应收账款、其他应收款、预付账款等属于资产类科目，借记增加贷记减少，期末一般为借方余额，反映企业尚未收回的款项；如果期末余额在贷方，则反映企业预收的款项。

2.1.1 应收账款的核算

应收账款是指企业因销售商品、提供劳务等经营活动，应向购货单位或接受劳务单位收取的款项，主要包括企业销售商品或提供劳务等应向有关债务人收取的价款及代购货单位垫付的包装费、运杂费等。

1. 应收账款的计价

1）应收账款计价的内容。

在一般情况下，应收账款的入账金额，是买卖双方在成交时的实际发生额。但在含有折扣条件的销售方式时，应收账款的计价还要考虑折扣因素。销售的折扣有两种类型，即商业折扣和现金折扣。

折扣类型	计价方法
商业折扣	企业出售开发产品时，对特定的客户，在销售价格上给予的一定的优惠称之为商业折扣 由于商业折扣是从销售商品的价格中直接扣除的，所以，销售企业要以实际折扣以后的金额作为应收账款的入账价值。商业折扣在购销双方的账面上均不作任何反映
现金折扣	企业为了鼓励客户在一定期限内早日偿还销售款而给予的一种折扣优惠称之为现金折扣 现金折扣通常用下述形式来表示：2/10、1/20、n/30。表示的意思是信用期为 30 天，如果在 10 天之内付款可给予 2% 的现金折扣，20 天内付款可给予 1% 的现金折扣 我国现行会计核算中，在存在现金折扣的情况下是按总价法确定应收账款的入账价值的。也就是要按现金折扣前的总价格来确定应收账款的入账金额。现金折扣发生时，将折扣的部分计入财务费用

2）应收账款计价的示范。

【例2－1】2013年4月13日，苏州江秀房地产开发有限公司与苏州华新建材有限公司签订购房合同，购买一套价值600 000元的商品房。由于华新建材公司为本公司的主要建材供应商，公司给予其10%的商业折扣，同时，公司规定享受现金折扣的条件为“2/10，1/20，n/30”，华新建材公司于2013年4月18日一次性以银行存款付清全款。

账务处理如下：

记账凭证

2013年4月13日　　第　号

摘要	总账科目	明细科目	三级明细	借方	贷方	记账
销售商品房	应收账款	苏州华新建材有限公司		540 000		
	主营业务收入				540 000	
附件：　张						
合计				540 000	540 000	

会计主管：×××　记账：×××　复核：×××　出纳：×××　制单：×××

记账凭证

2013年4月18日　　第　号

摘要	总账科目	明细科目	三级明细	借方	贷方	记账
收到销售款	银行存款	建行城中支行		529 200		
现金折扣	财务费用	手续费		10 800		
	应收账款	苏州华新建材有限公司			540 000	
附件：　张						
合计				540 000	540 000	

会计主管：×××　记账：×××　复核：×××　出纳：×××　制单：×××

2. 应收账款的核算示范

1）应收账款的核算内容。

业务类型	会计分录
应收账款增加时	借：应收账款 　贷：相关科目
应收账款减少时	借：有关科目 　贷：应收账款

2）应收账款的核算示范。

【示范2-2】苏州江秀房地产开发有限公司2013年5月5日向张家港皆好贸易有限公司销售一套商品房，合同金额为100万元，款项未收；6月10日，收到张家港皆好贸易有限公司支票一张，金额100万元，并于当日存入银行。

账务处理如下：

记账凭证

2013年5月5日　　　　第　号

摘要	总账科目	明细科目	三级明细	借方	贷方	记账
销售收入	应收账款	皆好贸易有限公司		1 000 000		
	主营业务收入				1 000 000	
附件：　张						
合计				1 000 000	1 000 000	

会计主管：××× 记账：××× 复核：××× 出纳：××× 制单：×××

记账凭证

2013年6月10日　　　　第　号

摘要	总账科目	明细科目	三级明细	借方	贷方	记账
收到欠款	银行存款	建行城中支行		1 000 000		
	应收账款	皆好贸易有限公司			1 000 000	
附件：　张						
合计				1 000 000	1 000 000	

会计主管：××× 记账：××× 复核：××× 出纳：××× 制单：×××

2.1.2 预付账款的核算

预付账款是指企业按照合同规定预付的账款，将来由购进商品、接受劳务或者取消业务予以转销。

1. 预付账款的核算内容

业务类型	会计分录
预付账款增加时	借：预付账款 　贷：相关科目
预付账款减少时	借：有关科目 　贷：预付账款

2. 预付账款的核算示范

【例2－3】2013年4月23日，苏州江秀房地产开发有限公司从上海益民建材有限公司采购材料8吨，每吨单价10 000元，所需支付的款项总额为80 000元，按照合同规定，苏州江秀房地产开发有限公司向上海益民建材有限公司预付货款的50%，验收货物后补付其余款项。

账务处理如下：

记账凭证

2013年4月23日　　　　第　号

摘要	总账科目	明细科目	三级明细	借方	贷方	记账
预付货款	预付账款	上海益民建材有限公司		40 000		
	银行存款				40 000	
附件：　张						
合计				40　000	40 000	

会计主管：×××　记账：×××　复核：×××　出纳：×××　制单：×××

【例2－4】2013年5月8日，苏州江秀房地产开发有限公司收到上海益民建材有限公司发来的钢材，验收无误并入库，苏州江秀房地产开发有限公司以银行存款补付所欠款项40 000元。

账务处理如下：

记账凭证

2013年5月8日　　第　号

摘要	总账科目	明细科目	三级明细	借方	贷方	记账
购买钢材入库	原材料	钢材		80 000		
	预付账款	上海益民建材有限公司			80 000	
附件：　　张						
合计				80 000	80 000	

会计主管：×××　记账：×××　复核：×××　出纳：×××　制单：×××

记账凭证

2013年5月8日　　第　号

摘要	总账科目	明细科目	三级明细	借方	贷方	记账
补交货款	预付账款	上海益民建材有限公司		40 000		
	银行存款	建行城中支行			40 000	
附件：　　张						
合计				40 000	40 000	

会计主管：×××　记账：×××　复核：×××　出纳：×××　制单：×××

2.1.3 其他应收款的核算

其他应收款是指企业除应收票据、应收账款、预付账款等以外的其他各种应收及暂付款项。其主要包括：应收的各种赔款、罚款，应收的出租包装物租金，应向职工收取的各种垫付款项，存出保证金，其他各种应收、暂付款项。

1. 其他应收款的核算内容

业务类型	会计分录
其他应收款增加时	借：其他应收款 　贷：相关科目
其他应收款减少时	借：有关科目 　贷：其他应收款

2. 其他应收款的核算示范

【例 2－5】 2013 年 4 月 26 日，苏州江秀房地产开发有限公司管理部门职工王明因出差预借差旅费 2 000 元。

账务处理如下：

记账凭证

2013 年 4 月 26 日　　　　第　号

摘要	总账科目	明细科目	三级明细	借方	贷方	记账
预支王明差旅费	其他应收款	王明		2 000		
	库存现金				2 000	
附件：　　张						
合计				2 000	2 000	

会计主管：××× 　记账：××× 　复核：××× 　出纳：××× 　制单：×××

【例 2－6】 2013 年 5 月 3 日，王明出差回来报销差旅费，实际支出 1 500 元，多余的款项退回。

账务处理如下：

记账凭证

2013年5月3日　　　　第　号

摘要	总账科目	明细科目	三级明细	借方	贷方	记账
王明报销差旅费	管理费用	差旅费		1 500		
	库存现金			500		
	其他应收款	王明			2 000	
附件：　张						
合计				2 000	2 000	

会计主管：×××　记账：×××　复核：×××　出纳：×××　制单：×××

【例2－7】2013年4月26日，苏州江秀房地产开发有限公司管理部门职工王明采用备用金制度，备用金额度为2 000元，当日拨付备用金。

账务处理如下：

记账凭证

2013年4月26日　　　　第　号

摘要	总账科目	明细科目	三级明细	借方	贷方	记账
拨付王明备用金	其他应收款	备用金	王明	2 000		
	库存现金				2 000	
附件：　张						
合计				2 000	2 000	

会计主管：×××　记账：×××　复核：×××　出纳：×××　制单：×××

【例2－8】2013年5月3日，王明出差回来报销差旅费，实际支出1 500元，多余的款项无需退回，报销时直接支付现金补足备用金。

账务处理如下：

记账凭证

2013 年 5 月 3 日　　　　第　号

摘要	总账科目	明细科目	三级明细	借方	贷方	记账
王明报销差旅费	管理费用	差旅费		1 500		
	库存现金				1 500	
附件：　张						
合计				1 500	1 500	

会计主管：××× 　记账：××× 　复核：××× 　出纳：××× 　制单：×××

2.2 负债类往来款项科目的核算

往来款项中应付账款、预收账款、其他应付款等属于负债类科目，借记减少贷记增加，期末余额一般在贷方，表示企业尚未支付的账款余额；如果期末余额在借方，则反映企业预付的款项。

2.2.1 应付账款的核算

应付账款是指企业因购买材料、商品或接受劳务供应等经营活动应支付的款项。应付账款一般应在与所购买物资所有权相关的主要风险和报酬已经转移，或者所购买的劳务已经接受时确认。

1. 应付账款的核算内容

业务类型	会计分录
应付账款增加时	借：相关科目 　贷：应付账款
应付账款减少时	借：应付账款 　贷：有关科目

2. 应付账款的核算示范

【例2-9】2013年4月23日，苏州江秀房地产开发有限公司向上海益民建材有限公司购入一批材料，货款为200 000元，增值税税额为34 000元，材料已运到并验收入库，款项尚未支付。

账务处理如下：

记账凭证

2013年4月23日　　　　第　号

摘要	总账科目	明细科目	三级明细	借方	贷方	记账
购买材料	原材料	钢材		234 000		
	应付账款	上海益民建材有限公司			234 000	
附件：　张						
合计				234 000	234 000	

会计主管：××× 记账：××× 复核：××× 出纳：××× 制单：×××

【例2-10】2013年5月12日，苏州江秀房地产开发有限公司以银行存款支付前欠材料款234 000元。

账务处理如下：

记账凭证

2013年5月12日　　　　第　号

摘要	总账科目	明细科目	三级明细	借方	贷方	记账
支付材料款	应付账款	上海益民建材有限公司		234 000		
	银行存款	建行城中支行			234 000	
附件：　张						
合计				234 000	234 000	

会计主管：××× 记账：××× 复核：××× 出纳：××× 制单：×××

2.2.2 预收账款的核算

预收账款是指企业按照合同规定向购货单位预收的款项。与应付账款不同，预收账款所形成的负债不是以货币偿还，而是以货物偿付。

1. 预收账款的核算内容

业务类型	会计分录
预收账款增加时	借：相关科目 贷：预收账款
预收账款减少时	借：预收账款 贷：有关科目

2. 预收账款的核算示范

【例2－11】2013年5月30日，苏州江秀房地产开发有限公司收到张家港东风商贸有限公司购房款50 000元。6月10日，双方正式签订合同，该商品房价款为150 000元，对方已于当日将余款转入公司账户。

账务处理如下：

记账凭证

2013年5月30日　　　　第　号

摘要	总账科目	明细科目	三级明细	借方	贷方	记账
收购房定金	银行存款	建行城中支行		50 000		
	预收账款	张家港东风商贸有限公司			50 000	
附件：　张						
合计				50 000	50 000	

会计主管：×××　记账：×××　复核：×××　出纳：×××　制单：×××

记账凭证

2013年6月10日　　　　第　号

摘要	总账科目	明细科目	三级明细	借方	贷方	记账
销售商品房	预收账款	张家港东风商贸有限公司		50 000		
	银行存款	建行城中支行		100 000		
	主营业务收入				150 000	
附件：　张						
合计				150 000	150 000	

会计主管：××× 记账：××× 复核：××× 出纳：××× 制单：×××

2.2.3 其他应付款的核算

其他应付款是指企业在商品交易业务以外发生的应付和暂收款项，是企业除应付票据、应付账款、预收账款等以外的应付、暂收其他单位或个人的款项。

1. 其他应付款的核算内容

业务类型	会计分录
其他应付款增加时	借：相关科目 　贷：其他应付款
其他应付款减少时	借：其他应付款 　贷：有关科目

2. 其他应付款的核算示范

【例2-12】2013年4月30日，苏州江秀房地产开发有限公司租入南京塔固建筑有限公司脚手架，租赁费为5 000元，款项尚未支付。

账务处理如下：

记账凭证

2013 年 4 月 30 日　　第　号

摘要	总账科目	明细科目	三级明细	借方	贷方	记账
租赁设备	开发成本	开发间接费	租赁费	5 000		
	其他应付款	南京塔固建筑有限公司			5 000	
附件：　张						
合计				5 000	5 000	

会计主管：××× 记账：××× 复核：××× 出纳：××× 制单：×××

【例2－13】2013 年5 月30 日，苏州江秀房地产开发有限公司归还南京塔固建筑有限公司的脚手架，并以银行存款支付租赁费5 000 元。

账务处理如下：

记账凭证

2013 年 5 月 30 日　　第　号

摘要	总账科目	明细科目	三级明细	借方	贷方	记账
支付租赁费	其他应付款	南京塔固建筑有限公司		5 000		
	银行存款	建行城中支行			5 000	
附件：　张						
合计				5 000	5 000	

会计主管：××× 记账：××× 复核：××× 出纳：××× 制单：×××

第3章

开发成本的会计核算

房地产开发企业的成本核算是整个会计核算的重要环节。账务处理时，依据产品的成本构成要素和具体内容，在一级会计科目“开发成本”下设置土地开发成本、房屋开发成本、配套设施开发成本三个二级科目。在二级科目房屋开发成本下设置土地成本、前期工程费、建筑安装工程费、基础设施建设费、公共配套设施费和开发间接费六个三级明细来核算。

3.1 土地开发成本的核算

房地产开发企业获取土地使用权的方式不同，土地使用权的入账价值确认方式也存在差异，所以账务处理的方法也有所区别。

3.1.1 土地开发成本概述

1. 土地的取得方式

房地产开发企业获取土地使用权的方式主要有：

1）接受土地使用权出让。

土地使用权出让是指国家将国有土地使用权在一定年限内出让给土地使用者，由土地使用者向国家支付土地使用权出让金的行为。

2）接受土地使用权转让。

土地使用权转让是指土地使用者将土地使用权再转移的行为，包括出售和交换。国有土地使用权转让应当签订转让合同，转让时，土地使用权出让合同和登记文件中所载明的权利、义务随之转移。

3）接受投资者投入土地使用权。

4）合作开发联营企业投入土地使用权。

其中，接受投资者投入土地使用权和合作开发联营企业投入土地使用权从本质上也属于接受土地使用权转让的形式。因此我们可以把土地取得方式归为两个类别。

2. 土地的入账价值

取得方式	入账价值
土地使用权出让（政府招标、拍卖和挂牌交易）	土地出让金加相关税费。相关税费包括契税、印花税及耕地占用税等
土地使用权转让（其他经济组织转让取得）	购买价款、其他行政收费及相关税费
土地使用权转让（投资、联营者投入）	合同协议约定的价值，但合同协议约定价值不公允的，应当由有权机构评估其价值

3. 土地开发成本核算类型

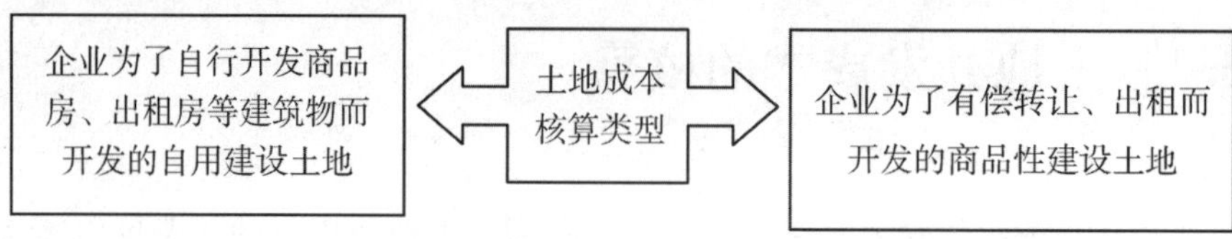

1）企业自用建设土地开发。

企业自用建设土地属企业的中间产品，其成本费用支出最终应转入有关商品房或出租房的产品成本。账务处理流程如下：

（1）发生各项成本费用支出时：

借：开发成本——土地开发成本（自用建设土地）

　贷：银行存款、应付账款等科目

（2）结转开发完工土地成本时：

借：开发成本——房屋开发成本（土地成本）

　贷：开发成本——土地开发成本（自用建设土地）

（3）结转开发完工房屋成本时：

借：开发产品——具体楼宇名称

　贷：开发成本——房屋开发成本（土地成本）

2）商品性建设土地开发。

商品性建设土地是企业的最终产品，应单独核算土地成本。账务处理流程如下：

（1）发生各项成本费用支出时：

借：开发成本—土地开发成本（商品性建设土地）

　贷：银行存款、应付账款等科目

（2）结转开发完工土地成本时：

借：投资性房地产——具体土地名称

　贷：开发成本——土地开发成本（商品性建设土地）

商品性建设土地的核算类型仅仅是土地开发的特例，通常企业取得土地全部用于开发商品房。所以，工作中不设置三级明细科目自用建设土地或商品性建设土地，而是直接使用开发成本一级科目下的二级科目土地开发成本对土地价值进行核算。

3.1.2 土地开发成本的核算

1. 以支付土地出让金及拆迁补偿费形式取得土地使用权的核算

支付土地出让金及拆迁补偿费一般分为两步。第一步是房地产开发企业将土地出让金及拆迁补偿费支付给当地行政拆迁部门；也有部分省市地区由房地产开发企业将拆迁补偿费直接支付给被拆迁人，并由当地行政拆迁部门监管执行。第二步是当地行政拆迁部门会同土地资源部门将土地使用权出让给房地产开发企业。

1）支付土地出让及拆迁补偿费的会计处理。

【例3－1】苏州江秀房地产开发有限公司2013年6月2日支付当地拆迁部门土地出让及拆迁补偿费2 500万元。

账务处理如下：

记账凭证

2013年6月2日　　　　第　号

摘要	总账科目	明细科目	借方	贷方	记账
支付拆迁费	其他应收款	苏州市城中区拆迁办公室	25 000 000		
	银行存款	建行城中支行		25 000 000	
附件：　张					
合计			25 000 000	25 000 000	

会计主管：×××　记账：×××　复核：×××　出纳：×××　制单：×××

2）结算土地出让及拆迁补偿费的会计处理。

【例3－2】2013年12月2日拆迁完毕并办理了相关土地登记手续。土地出让及拆迁补偿费实际支出2 470万元，退回30万元。

在受让土地为无附着物、建筑物（裸地）的情况下，受让企业直接将出让金交付土地坐落地政府的财政部门即可。无须经土地坐落地政府的拆迁部门过渡，企业支付土地出让金时直接借记“开发成本——土地开发成本”科目，贷记“银行存款”科目。

账务处理如下：

记账凭证

2013年12月2日　　　　第　号

摘要	总账科目	明细科目	借方	贷方	记账
结算拆迁费	开发成本	土地开发成本（土地拆迁或出让金）	24 700 000		
	银行存款	建行城中支行	300 000		
	其他应收款	拆迁办公室		25 000 000	
附件：　张					
合计			25 000 000	25 000 000	

会计主管：×××　记账：×××　复核：×××　出纳：×××　制单：×××

3）缴纳土地登记环节税费的会计处理。

企业在办理土地登记手续过程中，应缴纳契税、印花税、产权登记费等税费。各项税费中，契税、产权登记费应当计入土地使用权的入账价值，其他税费应当计入期间费用。

【例3－3】2013年12月2日，办理相关土地登记手续，缴纳契税74.10万元（2 470×3%＝74.10）。

账务处理如下：

记账凭证

2013年12月2日　　第　号

摘要	总账科目	明细科目	借方	贷方	记账
缴纳契税	开发成本	土地开发成本	741 000		
	银行存款	建行城中支行		741 000	
附件：　张					
合计			741 000	741 000	

会计主管：×××　记账：×××　复核：×××　出纳：×××　制单：×××

【例3－4】2013年12月2日，办理相关土地登记手续，支付各项登记费、手续费16 380元。

账务处理如下：

记账凭证

2013年12月2日　　第　号

摘要	总账科目	明细科目	借方	贷方	记账
土地登记费、手续费	开发成本	土地开发成本	16 380		
	银行存款	建行城中支行		16 380	
附件：　张					
合计			16 380	16 380	

会计主管：×××　记账：×××　复核：×××　出纳：×××　制单：×××

【例3-5】2013年12月2日，办理相关土地登记手续，缴纳印花税12 350元（2 470×0.05%=12 350）。

账务处理如下：

记账凭证

2013年12月2日　　　　第　号

摘要	总账科目	明细科目	借方	贷方	记账
土地印花税	管理费用	印花税	12 350		
	银行存款	建行城中支行		12 350	
附件：　张					
合计			12 350	12 350	

会计主管：××× 记账：××× 复核：××× 出纳：××× 制单：×××

4）土地开发成本结转的会计处理。

企业办理完土地登记手续即可取得土地使用权证，在会计核算上土地成本的归集也就完成了。进入房屋开发阶段，土地成本从“开发成本—土地开发成本”转入“开发成本——房屋开发成本（土地成本）”。

如果企业将来对上述土地不进行房屋开发，而是作为商品性用地转让或出租，土地成本的结转应该为借记“投资性房地产——土地”，贷记“开发成本——土地开发成本”。

【例3-6】苏州江秀房地产开发有限公司2013年12月5日进入房屋开发阶段，整宗土地面积为25457.38平方米，拟建造多层住宅、高层住宅、幼儿园、换热站。

账务处理如下：

记账凭证

2013年12月5日　　　　第　号

摘要	总账科目	明细科目	借方	贷方	记账
结转土地成本	开发成本	房屋开发成本—土地成本（多层住宅）	13 00000 0		
	开发成本	房屋开发成本——土地成本（高层住宅）	11 700 000		

续表

摘要	总账科目	明细科目	借方	贷方	记账
	开发成本	房屋开发成本——土地成本（幼儿园）	650 000		
	开发成本	房屋开发成本——土地成本（换热站）	107 380		
	开发成本	土地开发成本		25 457 380	
附件： 张					
合计			25 457 380	25 457 380	

会计主管：××× 记账：××× 复核：××× 出纳：××× 制单：×××

2. 以竞拍取得土地使用权的核算

房地产企业通过招标、挂牌、竞拍方式取得土地使用权，在会计处理上基本相同。以竞拍为例，先由企业缴纳竞拍保证金，竞拍成功后保证金转为土地出让金，最后依据土地出让合同的付款时间、付款金额多退少补。

假定上述竞拍不成功，则退回竞拍保证金。企业借记“银行存款”科目，贷记“其他应收款”科目。

假定上述土地竞拍成功，依据土地出让合同，原竞拍保证金大于土地出让金，则退回多余部分款项。企业借记“银行存款”科目，贷记“其他应收款”科目，同时借记“开发成本——土地开发成本”科目，贷记“其他应收款”科目。

竞拍取得土地使用权同样应缴纳各项税费，办理土地登记手续。后续土地成本的结转，账务处理与拆迁取得土地使用权相同，在此不再赘述。

1）支付竞拍保证金的会计处理。

【例3－7】苏州江秀房地产开发有限公司2012年7月5日参与当地土地资源局组织的某宗土地竞拍，支付竞拍保证金1 000万元。

账务处理如下：

记账凭证

2013 年 7 月 5 日　　　　第　号

摘要	总账科目	明细科目	借方	贷方	记账
支付竞拍保证金	其他应收款	国土资源局	10 000 000		
	银行存款	建行城中支行		10 000 000	
附件：　张					
合计			10 000 000	10 000 000	

会计主管：××× 　记账：××× 　复核：××× 　出纳：××× 　制单：×××

2）竞拍成功补付剩余土地出让金的会计处理。

【例 3－8】苏州江秀房地产开发有限公司 2012 年 7 月 5 日参与当地土地资源局组织的某宗土地竞拍，竞拍成功。依据土地出让合同，竞拍保证金 1 000 万元转作土地出让金，并于 7 月 15 日前补付土地出让金 700 万元。

账务处理如下：

记账凭证

2013 年 7 月 15 日　　　　第　号

摘要	总账科目	明细科目	借方	贷方	记账
支付竞拍保证金	开发成本	土地开发成本（土地拆迁或出让金）	17 000 000		
	银行存款	建行城中支行		7 000 000	
	其他应收款	国土资源局		10 000 000	
附件：　张					
合计			17 000 000	17 000 000	

会计主管：××× 　记账：××× 　复核：××× 　出纳：××× 　制单：×××

3. 从非投资企业取得土地使用权的核算

房地产企业通过土地使用权转让的形式，从含联营企业在内的非投资企业取得土地使用权的会计处理较为简单，转让方与受让方签订土地转让合同后，企业（受让方）向转让方支付土地转让金时，借记“开发成本——土地开发成本”科目，贷记“银行存款”或“应付账款”科目。缴纳各项税费，办理土地登记手续。后续土地成本的结转，账务处理与拆迁取得土地使用权相同。

土地使用权转让一般要进行土地使用权价值评估，评估价值作为土地使用权转让的参考依据，但并非交易价格。

以转让形式取得土地使用权的入账价值包括：土地转让金和相关税费。土地转让金以双方签订的土地转让合同为准。缴纳各项税费，办理土地过户登记手续。后续土地成本的结转，账务处理与拆迁取得土地使用权相同，在此不再赘述。

【例3-9】苏州江秀房地产开发有限公司于2013年3月8日依据与苏州华侨职业中专签订的土地使用权转让合同，以电汇形式支付土地转让金2 300万元，取得地方税务局代开的发票。

账务处理如下：

记账凭证

2013年3月8日　　　　第　号

摘要	总账科目	明细科目	借方	贷方	记账
支付土地转让金	开发成本	土地开发成本（土地转让金）	23 000 000		
	银行存款	建行城中支行		23 000 000	
附件：　张					
合计			23 000 000	23 000 000	

会计主管：××× 记账：××× 复核：××× 出纳：××× 制单：×××

4. 从投资单位投入土地使用权的核算

企业接受投资单位以土地使用权作价投资形式取得的土地使用权，入账价值为投资各方确认的价值和相关税费。其账务处理为借记“开发成本——土地开发成本”科目，贷记“实收资本”科目。

企业接受投资单位以土地使用权作价投资形式取得土地使用权，需要办理土地价值评估并取得相关证明（资产评估报告）、资本验证证明（验资报告），支付的相关费用计入期间费用。

企业接受投资单位以土地使用权作价投资形式取得土地使用权，与以其他方式取得土地使用权一样，需要缴纳各项土地过户税费和办理各项登记手续。后续土地成本的结转，账务处理与拆迁取得土地使用权相同，在此不再赘述。

【例3－10】苏州江秀房地产开发有限公司接受苏州江秀置业集团有限公司追加的投资，经投资各方确认，苏州江秀置业集团有限公司以一宗土地作价3 000万元投资于苏州江秀房地产开发有限公司。2013年4月6日办理完相关手续。

账务处理如下：

记账凭证

2013年4月6日　　　　第　号

摘要	总账科目	明细科目	借方	贷方	记账
土地投资	开发成本	土地开发成本	30 000 000		
	实收资本	苏州江秀置业集团有限公司		30 000 000	
附件：　张					
合计			30 000 000	30 000 000	

会计主管：×××　记账：×××　复核：×××　出纳：×××　制单：×××

3.2 房屋开发成本的核算

房屋开发成本的核算包括：土地成本、前期工程费、建筑安装工程费、基础设施建设费、公共配套设施费和开发间接费六个项目。本节将按照这六个项目介绍具体的核算方法。

3.2.1 土地开发成本的会计核算

企业办理完土地登记手续即可取得土地使用权证，在会计核算上土地成本的归集也就完成了。进入房屋开发阶段，土地成本从“开发成本——土地开发成本”转入“开发成本——房屋开发成本（土地成本）”。

如果企业取得土地使用权仅仅是为房屋开发，则可以不经过“开发成本——土地开发成本”结转的方式核算，而直接使用“开发成本——房屋开发成本（土地成本）”对土地成本进行核算。直接使用“开发成本——房屋开发成本（土地成本）”进行核算时，只需参照上一章的核算方法，替换“开发成本——土地开发成本”科目即可。本书为了全面展示房地产企业的全部会计核算流程，采用了经过“开发成本——土地开发成本”结转的方式核算土地成本。

【例3－11】承接**【例3－6】**苏州江秀房地产开发有限公司2013年12月5日进入房屋开发阶段，整宗土地面积为25 457.38平方米，拟建造多层住宅、高层住宅、幼儿园、换热站。

土地成本汇总表

2013年12月5日　　单位：元

项目	拆迁补偿（土地出让金）	契税	土地登记费等	合计
金额	24 700 000	741 000	16 380	25 457 380

土地成本分配表

2013年12月5日　　面积单位：平方米　金额单位：元

项目	多层住宅	高层住宅	幼儿园	换热站	合计
占地面积	13 000	11 700	650	107.38	25 457.38
分配依据	总土地成本为25 457 380元，总面积为25 457.38平方米，按照等比例分配				
土地成本	13 000 000	11 700 000	650 000	107 380	25 457 380

账务处理如下：

记账凭证

2013年12月5日　　第　号

摘要	总账科目	明细科目	借方	贷方	记账
结转土地成本	开发成本	房屋开发成本——土地成本（多层住宅）	13 000 000		
	开发成本	房屋开发成本——土地成本（高层住宅）	11 700 000		

续表

摘要	总账科目	明细科目	借方	贷方	记账
	开发成本	房屋开发成本——土地成本（幼儿园）	650 000		
	开发成本	房屋开发成本——土地成本（换热站）	107 380		
	开发成本	土地开发成本		25 457 380	
附件：　　张					
合计				25 457 380	25 457 380

会计主管：××× 记账：××× 复核：××× 出纳：××× 制单：×××

3.2.2 前期工程费的会计核算

1. 前期工程费概述

前期工程费是指在取得土地开发权之后，项目开发前期的筹建、规划、设计、可行性研究、水文地质勘查、测绘和“七通一平”等前期费用。

关于“七通一平”的提法，在不同的时代、不同的地域或不同的开发项目上提法是不同，有的称“三通一平”，有的称“五通一平”，有的称“七通一平”。

三通一平是指：通水、通电、通路、场地平整；

五通一平一般是指：通水、通电、通路、通气、通讯、场地平整；

七通一平一般是指：通水、通电、通路、通气、通讯、通暖、通网络、场地平整。

依据开发项目要求的配备完善程度不同，其要求“畅通”的程度也不一样，所以包含的项目也不尽相同，通平的内容不是确指，而是一种习惯提法。但做到“三通一平”是项目的基本要求。

前期工程费主要项目诠释表

具体项目	解释
行政事业性收费	项目报建时按规定向政府有关部门交纳的报批费，如市政基础设施配套费、异地绿化建设费、人防易地建设费、消防图纸审查费、地方教育费附加、白蚁防治费、建设工程社会保险费、新型墙体材料专项基金、工程质监费、防雷图纸及检测、施工图抗震设防技术审查费、工程招标代理费、图纸审查费、散装水泥费、环评报告编制费及招投标管理费等费用

续表

具体项目	解释
规划设计费	项目规划阶段的方案设计、施工图设计、园林设计、自来水设计、电力设计、人防设计、制图、晒图费，规划设计模型制作费，方案评审费等费用
勘测丈量费	水文、地质、文物和地基勘察费，沉降观测费，日照测试费，拨地钉桩验线费，复线费，定线费，放线费，建筑面积丈量费等费用
“三通一平”费	接通红线外施工用临时给排水（含地下排水管、沟开挖铺设费用）、供电、道路（含按规定应交的占道费、道路挖掘费）等设施的设计、建造、装饰和进行场地平整发生的费用（包括开工前的垃圾清运费）
临时设施费	施工方临时办公室费，临时场地占用费，临时借用空地租费，以及沿红线周围设置的临时围墙、围栏等设施的设计、建造、装饰等费用
预算编审费	支付给社会中介服务机构受聘为项目编制或审查预算而发生的费用

2. 前期工程费的会计核算

房屋开发建设过程中发生的前期工程费，能分清成本核算对象的，应直接计入有关房屋开发成本核算对象的“前期工程费”成本项目，核算较为简单，即借记“开发成本——房屋开发——前期工程费（××项目）”账户，贷记“银行存款”“应付账款”等账户。

由两个或两个以上成本核算对象共同负担的前期工程费，应按一定的标准分配计入有关房屋核算成本对象的“前期工程费”成本项目。本书演示的企业项目涉及拟建造的多层住宅、高层住宅、幼儿园、换热站，核算时先归集前期工程费，然后以各自的面积为标准进行分配。实务中，前期工程费的分配标准可由企业自行确定。

1）归集前期工程费的会计处理。

【例 3－12】苏州江秀房地产开发有限公司一次性向政府缴纳整个项目的房地产开发行政性收费 416 000 元，并取得政府开具的收据。

（1）行政事业收费一般以项目为单位，由政府一次性收取，不能划清成本对象的则先计入前期工程费，再以预定标准进行分配。规划设计费等其他前期工程费，通过企业招投标可能分别有不同的单位承接，如果直接可以归属于具体的项目（如：多层住宅），则直接计入该明细项目下。

（2）前期工程费涉及的项目较多，但会计处理完全相同。读者可以参考上述两个实例，在此不再一一赘述。

账务处理如下：

记账凭证

2013年9月10日　　　　第　号

摘要	总账科目	明细科目	借方	贷方	记账
支付项目规费	开发成本	房屋开发成本——前期工程费	416 000		
	银行存款	建行城中支行		416 000	
附件：　张					
合计			416 000	416 000	

会计主管：×××　记账：×××　复核：×××　出纳：×××　制单：×××

【例3-13】苏州江秀房地产开发有限公司支付幼儿园施工图设计费32 500元，并取得上海冶金建筑设计院开具的施工图设计费发票。

账务处理如下：

记账凭证

2013年10月13日　　　　第　号

摘要	总账科目	明细科目	借方	贷方	记账
幼儿园图纸设计费	开发成本	房屋开发成本——前期工程费（幼儿园）	32 500		
	银行存款	建行城中支行		32 500	
附件：　张					
合计			32 500	32 500	

会计主管：×××　记账：×××　复核：×××　出纳：×××　制单：×××

2）分配前期工程费的会计处理。

【例3-14】汇总项目全部前期工程费，并以建筑面积为依据进行分配。前期工程费合计787 943元，其中：明确成本对象归属于幼儿园项目的前期工程费工为32 500元，不能明确成本对象的前期工程费合计787 943元。项目总建筑面积为78 794.30平方米。

账务处理如下：

前期工程费汇总表

2013年12月25日　　单位：元

项目	行政事业收费	规划设计费	勘测丈量费	场地平整费	临时设施费	预算编审费	合计
金额	416 000	182 000	16 250	89 310	55 783	28 600	787 943

备注：明确成本对象归属于幼儿园项目的前期工程费为32 500元。

前期工程费分配表

2013年12月05日　　面积单位：平方米　金额单位：元

项目	多层住宅	高层住宅	幼儿园	换热站	合计
建筑面积	54 600	23 660	442	92. 30	78 794. 30
分配依据	前期工程费总计787 943元，总建筑面积为78794. 30平方米，按照等比例分配				
前期工程费	546 000	236 600	4 420	923	787 943

备注：幼儿园项目的前期工程费32 500元，计算分配时忽略不计。实际工作中幼儿园项目应不参与前期工程费中的设计费分配。

账务处理如下：

记账凭证

2013年12月25日　　第　号

摘要	总账科目	明细科目	借方	贷方	记账
分配前期工程费	开发成本	房屋开发成本——前期工程费（多层住宅）	546 000		
	开发成本	房屋开发成本——前期工程费（高层住宅）	236 600		
	开发成本	房屋开发成本——前期工程费（幼儿园）	4 420		
	开发成本	房屋开发成本——前期工程费（换热站）	923		
	开发成本	房屋开发成本——前期工程费		820 443	
附件：　张					
合计			820 443	820 443	

会计主管：×××　记账：×××　复核：×××　出纳：×××　制单：×××

3.2.3 建筑安装工程费的核算

1. 建筑安装工程费概述

建筑安装工程费是指项目开发过程中发生的列入建筑安装工程施工图预算项目内的各项费用（含设备费、出包工程向承包方支付的临时设施费和劳动保险费），有加工材料、设备的，还应包括相应的加工材料、设备费。

具体包括土建工程费、安装工程费和装修工程费等。

1）土建工程费。

土建工程费是指土石方、桩基、护壁（坡）工程费，基础处理费，桩基咨询费，土建结构工程费（含地下室部分）。有加工材料的，还应包括相应的加工材料费。

2）安装工程费。

安装工程费是指主体工程内的照明等电气设施安装费，主体工程内的通讯、保安监视、有线电视系统等电讯设施安装费，主体工程内的上下水、热水等给排水设施安装费，主体工程内的电梯安装及其调试费，主体工程内的换热站、冷冻站、风机盘管控制、楼宇自控系统等空调设施安装费，主体工程内的自动喷洒、消防栓和消防报警系统等消防设施安装费，主体工程内的煤气管线等燃气设施安装费，主体工程内的水暖、汽暖等供热设施安装费。上述各项如有加工材料、设备，还应分别包括相应的加工材料、设备费。

3）装修工程费。

装修工程费是指内外墙、地板（毯）、门窗、厨洁具、电梯间、天（顶）棚、雨篷等的装修费，有加工材料的，还应包括相应的加工材料费。

2. 建筑安装工程费的会计核算

房地产开发企业开发建设房屋，其建筑安装工程施工一般采用出包的方式，建筑安装工程支出应依据工程结算单，根据企业支付的已完工程价款确定，因为出包合同均明确具体的建筑工程对象，所以款项支出直接计入有关房屋开发成本核算对象的建筑安装工程费成本项目，即借记“开发成本——房屋开发——建筑安装工程费”账户，贷记“银行存款”“应付账款”“预付账款”等账户。

【例3-15】2013年12月份，根据工程结算单，企业应支付甲承包施工企业建筑安装工程款481.6万元，应支付乙承包施工企业建筑安装工程款14.71万元。

工程结算单

单位：甲公司　　　　支付编号：001　　　　2013年12月5日

合同名称：锦绣家园承建			合同编号：0001		
项目名称	单位	工程数量	单价（万元）	合价（万元）	备注
多层住宅		1	336.00	336.00	
高层住宅		1	145.60	145.60	
合　计				481.60	
人民币大写：肆佰捌拾壹万陆仟元整					

工程结算单

单位：乙公司　　　　支付编号：002　　　　2013年12月5日

合同名称：锦绣家园承建			合同编号：0002		
项目名称	单位	工程数量	单价（万元）	合价（万元）	备注
幼儿园	座	1	14	14	
换热站	间	1	0.71	0.71	
合　计				14.71	
人民币大写：壹拾肆万柒仟壹佰元整					

账务处理如下：

记账凭证

2012年12月5日　　　　第　　号

摘要	总账科目	明细科目	借方	贷方	记账
结转建筑安装工程费	开发成本	房屋开发成本——建筑安装工程费（多层住宅）	3 360 000		
	开发成本	房屋开发成本——建筑安装工程费（高层住宅）	1 456 000		
	开发成本	房屋开发成本——建筑安装工程费（幼儿园）	140 000		

续表

摘要	总账科目	明细科目	借方	贷方	记账
	开发成本	房屋开发成本——建筑安装工程费（换热站）	7 100		
	应付账款	甲公司		4 816 000	
	应付账款	乙公司		147 100	
附件：　　张					
合计			4 963 100	4 963 100	

会计主管：×××　记账：×××　复核：×××　出纳：×××　制单：×××

3.2.4 基础设施费的核算

1. 基础设施费的概述

基础设施费是指项目开发过程中发生的小区内、建筑安装工程施工图预算项目之外的道路、供电、供水、供气、供热、排污、排洪、通讯、照明和绿化等基础设施工程费用，红外线两米与大市政接口的费用，以及向水电气热通讯等大市政公司交纳的费用。

基础设施费具体包括：道路工程费、供电工程费、给排水工程费、煤气工程费、供暖工程费、通讯工程费、电视工程费、照明工程费、景观绿化工程费、环卫工程费、安防智能化工程费、小区周围设置的永久性围墙、围栏支出、园区大门、自然下沉整改费等。

基础设施费主要项目诠释表：

具体项目	解释
供电工程费	供电工程费具体包括变（配）电设备的购置费、设备安装及电缆铺设费、供（配）电贴费、电源建设费、交纳的电增容费等
给排水工程费	给排水工程费是指自来水、雨（污）水排放、防洪等给排水设施的建造、管线铺设费用，以及向自来水公司交纳的水增容费等
煤气工程费	煤气工程费是指煤气管道的铺设费、增容费、集资费、煤气配套费、煤气发展基金、煤气挂表费等
供暖工程费	供暖工程费是指暖气管道的铺设费、集资费

续表

具体项目	解释
通讯工程费	通讯工程费是指电话线路的铺设、电话配套费、电话电缆集资费、缴纳的电话增容费等
电视工程费	电视工程费是指小区内有线电视（闭路电视）的线路铺设和按规定应交纳的有关费用
照明工程费	照明工程费是指小区内路灯照明设施的支出
景观绿化工程费	景观绿化工程费是指小区内景观建设、人工草坪、栽花、种树等绿化支出
环卫工程费	环卫工程费是指小区内的环境卫生设施支出，如垃圾站（箱）、公厕等支出
安防智能化工程费	安防智能化工程费是指小区内安防、监控工程费

2. 基础设施费的核算

房屋开发建设过程中发生的基础设施费，能分清成本核算对象的，应直接计入有关房屋核算成本对象的“基础设施费”成本项目，借记“开发成本——房屋开发——基础设施费（××项目）”账户，贷记“银行存款”“应付账款”等账户。

由两个或两个以上成本核算对象共同负担的基础设施费，应按一定的标准分配计入有关房屋成本核算对象的基础设施费成本项目。

1）归集基础设施费的会计处理。

【例3－16】根据小区需要，苏州江秀房地产开发有限公司在小区内铺设电话线路并用银行存款支付网络线路费27万元，取得电信公司开具的面值为27万元的基础设施建设费发票。

基础设施费分配表

2013年12月6日　　　　单位：元

项目	多层住宅	高层住宅	幼儿园	换热站	合计
金额	150 000	80 000	30 000	10 000	270 000

账务处理如下：

记账凭证

2013 年 12 月 6 日　　　　第　号

摘要	总账科目	明细科目	借方	贷方	记账
结转基础设施费	开发成本	房屋开发成本——基础设施费（多层住宅）	150 000		
	开发成本	房屋开发成本——基础设施费（高层住宅）	80 000		
	开发成本	房屋开发成本——基础设施费（幼儿园）	30 000		
	开发成本	房屋开发成本——基础设施费（换热站）	10 000		
	银行存款	建行城中支行		270 000	
附件：　　张					
合计			270 000	270 000	

会计主管：×××　记账：×××　复核：×××　出纳：×××　制单：×××

【例 3－17】2013 年 12 月，苏州江秀房地产开发有限公司发生不能明确成本对象的基础设施费合计 61.10 万元。企业用银行存款支付上述款项，并取得方圆公司开具的面值为 61.10 万元的基础设施建设费发票。

账务处理如下：

记账凭证

2013 年 12 月 31 日　　　　第　号

摘要	总账科目	明细科目	借方	贷方	记账
结转基础设施费	开发成本	房屋开发成本——基础设施费	611 000		
	银行存款	建行城中支行		611 000	
附件：　　张					
合计			611 000	611 000	

会计主管：×××　记账：×××　复核：×××　出纳：×××　制单：×××

2）分配基础设施费的会计处理。

【例 3 -18】2013 年 12 月份，苏州江秀主房地产开发有限公司汇总项目全部基础设施费，并以各成本对象的预算成本为依据进行分配，基础设施费合计 88.10 万元。其中，明确成本对象的基础设施费为 27 万元，不能明确成本对象的基础设施费合计 61.10 万元，总预算成本为 3055 万元，基础设施费预提率为 2%。

基础设施费分配表

2013 年 12 月 31 日　　金额单位：万元

项目	多层住宅	高层住宅	幼儿园	换热站	合计
预算成本	2 000	1 000	50	5	3 055
各项目应分配	40	20	1	0.1	61.1

账务处理如下：

记账凭证

2013 年 12 月 31 日　　第　号

摘要	总账科目	明细科目	借方	贷方	记账
分配基础设施费	开发成本	房屋开发成本——基础设施费（多层住宅）	400 000		
	开发成本	房屋开发成本——基础设施费（高层住宅）	200 000		
	开发成本	房屋开发成本——基础设施费（幼儿园）	10 000		
	开发成本	房屋开发成本——基础设施费（换热站）	1 000		
	开发成本	房屋开发成本——基础设施费		611 000	
附件：　张					
合计			611 000	611 000	

会计主管：××× 记账：××× 复核：××× 出纳：××× 制单：×××

3.2.5 公共配套设施费的核算

1. 公共配套设施费的概述

公共配套设施费是指房屋开发过程中，根据有关法规，产权及其收益权不属于开发商，开发商不能有偿转让也不能转作自留固定资产的公共配套设施支出。

该成本项目按下列各项配套设施建立明细科目，具体核算内容可分为以下情况：

1）在开发小区内发生的不会产生经营收入的不可经营性公共配套设施支出，如建造消防、水泵房、水塔、锅炉房（建筑成本）、变电所（建筑成本）、居委会、派出所、岗亭、儿童乐园和自行车棚等设施的支出。

2）在开发小区内发生的根据法规或经营惯例，其经营收入归于经营者或业委会的可经营性公共配套设施支出，如建造幼托、邮局、图书馆、健身房、游泳池和球场等设施的支出。

3）开发小区内城市规划中规定的大配套设施项目不能有偿转让和取得经营权时，发生的没有投资来源的费用。

4）对于产权、收入归属情况较为复杂的地下室、车位等设施，应根据当地政府法规、开发商的销售承诺等具体情况确定是否摊入成本项目。如开发商通过补交地价或人防工程费等措施，得到政府部门认可，取得了该配套设施的产权，则应作为经营性项目独立核算。

2. 公共配套设施费的核算

发生的公共配套设施支出，能够分清成本核算对象的，应直接计入有关房屋核算成本对象的配套设施费项目，借记“开发成本——房屋开发—配套设施费（××项目）”账户，贷记“银行存款”“应付账款”等账户。

如果发生的配套设施支出由两个或两个以上成本核算对象共同负担的，应先在“开发成本——配套设施开发”账户进行汇集，待配套设施完工时，再按一定标准（如有关项目的预算成本或计划成本），分配计入有关房屋开发成本核算对象的配套设施费成本项目，借记“开发成本——房屋开发——配套设施费”账户，贷记“开发成本——配套设施开发”账户。

1）归集公共配套设施费的会计处理。

【例3-19】根据小区需要，苏州江秀房地产开发有限公司在小区内建设一公共配套设施水塔，并用银行存款支付水塔配套设施费65.5万元，取得张家港清泉公司开具的面值为65.5万元的水塔配套设施费发票。

配套设施费分配表

2013年12月8日　　　　单位：元

项目	多层住宅	高层住宅	幼儿园	换热站	合计
金额	400 000	200 000	50 000	5 000	655 000

账务处理如下：

记账凭证

2013 年 12 月 8 日　　　　第　号

摘要	总账科目	明细科目	借方	贷方	记账
结转配套设施费	开发成本	房屋开发成本——配套设施费（多层住宅）	400 000		
	开发成本	房屋开发成本——配套设施费（高层住宅）	200 000		
	开发成本	房屋开发成本——配套设施费（幼儿园）	50 000		
	开发成本	房屋开发成本——配套设施费（换热站）	5 000		
	银行存款	建设银行开发区支行		655 000	
附件：　张					
合计				655 000	655 000

会计主管：×××　记账：×××　复核：×××　出纳：×××　制单：×××

【例3－20】2013 年 12 月，企业发生不能明确成本对象的配套设施费合计 122.2 万元。企业用银行存款支付上述款项，并取得龙源公司开具的面值为 122.2 万元的配套设施建设费发票。

账务处理如下：

记账凭证

2013 年 12 月 31 日　　　　第　号

摘要	总账科目	明细科目	借方	贷方	记账
结转基础设施费	开发成本	房屋开发成本——配套设施费	1 222 000		
	银行存款	建行城中支行		1 222 000	
附件：　张					
合计			1 222 000	1 222 000	

会计主管：×××　记账：×××　复核：×××　出纳：×××　制单：×××

2）分配公共配套设施费的会计处理。

【例3-21】企业汇总项目全部配套设施费，并以成本对象预算成本为分配依据，配套设施费合计187.7万元。其中，明确成本对象的配套设施费为65.5万元，不能明确对成本对象的费用为122.2万元，总预算成本为3 055万元，配套设施费预提率为4%。

配套设施费分配表

2013年12月31日　　　　金额单位：万元

项目	多层住宅	高层住宅	幼儿园	换热站	合计
预算成本	2 000	1 000	50	5	3 055
各项目应分配	80	40	2	0.2	122.2

账务处理如下：

记账凭证

2013年12月31日　　　　第　号

摘要	总账科目	明细科目	借方	贷方	记账
结转配套设施费	开发成本	房屋开发成本——配套设施费（多层住宅）	800 000		
	开发成本	房屋开发成本——配套设施费（高层住宅）	400 000		
	开发成本	房屋开发成本——配套设施费（幼儿园）	20 000		
	开发成本	房屋开发成本——配套设施费（换热站）	2 000		
	开发成本	配套设施费		1 222 000	
附件：　张					
合计			1 222 000	1 222 000	

会计主管：××× 记账：××× 复核：××× 出纳：××× 制单：×××

3.2.6 开发间接费的核算

1. 开发间接费概述

开发间接费是指企业为直接组织和管理开发项目所发生的，且不能将其归属于特定成本对象的成本费用性支出。主要包括管理人员工资、职工福利费、折旧费、修理费、办公费、水电费、劳动保护费、工程管理费、周转房摊销以及项目营销设施建造费等。

首先，开发间接费是企业为直接组织和管理开发项目所发生的，因此它归属于房屋开发的成本费用；其次，这些成本费用性支出不能直接归属于特定的成本核算对象，因此称之为间接费。

2. 开发间接费的核算

房地产开发企业在开发建设房屋过程中发生的各项间接费用，应先通过“开发间接费用”账户进行归集，期末，再按一定标准分配计入各有关开发产品成本。由房屋开发成本负担的开发间接费用，应计入有关房屋开发成本核算对象的“开发间接费”成本项目，即借记“开发成本——房屋开发——开发间接费”账户，贷记“开发间接费用”账户。

1）归集开发间接费的会计处理。

【例 3－22】 企业下设了开发现场管理部门，截止至 2012 年 12 月底，该部门发生各项费用合计 386 400 元，其中：工资 168 000 元，福利费 23 520 元，修理费 73 500 元，办公费 44 100 元，水电费 24 780 元，劳动保护费 52 500 元，修理费、办公费、水电费和劳动保护费已用银行存款支付。工作中，这些成本费用可能不是同时发生，一笔支付。本例仅为示范开发间接费的归集汇总处理。

账务处理如下：

记账凭证

2013 年 12 月 31 日　　第　号

摘要	总账科目	明细科目	借方	贷方	记账
归集开发间接费	开发成本	房屋开发成本——开发间接费	386 400		
	应付职工薪酬	工资		168 000	
	应付职工薪酬	福利费		23 520	
	银行存款			194 880	
附件：　张					
合计			386 400	386 400	

会计主管：×××　记账：×××　复核：×××　出纳：×××　制单：×××

2）分配开发间接费的会计处理。

【例 3－23】 截至 2013 年 12 月，企业共发生直接间接费用 67.1 万元，以成本对象实际成本为依据进行分配。本月总开发间接费67.1万元，开发间接费分配率为2%。

实际直接成本表

开发产品名称	实际直接成本（万元）
多层住宅	2 200
高层住宅	1 100
幼儿园	50
换热站	5

开发间接费分配表

2013年12月31日　　　　金额单位：万元

项目	多层住宅	高层住宅	幼儿园	换热站	合计
预算成本	2 200	1 100	50	5	3 355
各项目应分配	44	22	1	0.1	67.1

账务处理如下：

记账凭证

2013年12月31日　　　　第　号

摘要	总账科目	明细科目	借方	贷方	记账
分配开发间接费用	开发成本	房屋开发成本——开发间接费（多层住宅）	440 000		
	开发成本	房屋开发成本——开发间接费（高层住宅）	220 000		
	开发成本	房屋开发成本——开发间接费（幼儿园）	10 000		
	开发成本	房屋开发成本——开发间接费（换热站）	1 000		
	开发成本	开发间接费用		671 000	
附件：　　张					
合计			671 000	671 000	

会计主管：×××　记账：×××　复核：×××　出纳：×××　制单：×××

3.3 配套设施开发成本的核算

房地产开发企业进行配套设施的开发，从开发目的的角度来看，一是应政府整体规划的要求而开发；二是应企业整个项目功能完备的要求而开发。从配套设施是否将来有偿转让角度来看，一是将来有偿转让的配套设施；二是开发完成后不得对外转让的配套设施。

3.3.1 配套设施开发成本概述

1. 配套设施的分类

1）从开发目的角度分类。

<table>
<tr><th>类别</th><th>投资方</th><th>是否有偿转让</th><th>举例</th></tr>
<tr><td>政府整体规划的配套设施</td><td>政府</td><td>不得有偿转让</td><td>红线外道路、派出所</td></tr>
<tr><td rowspan="2">项目内功能必备配套设施</td><td rowspan="2">企业</td><td>有偿转让</td><td>幼儿园、商场</td></tr>
<tr><td>不得有偿转让</td><td>换热站、红线内道路</td></tr>
</table>

2）从是否将来有偿转让角度分类。

<table>
<tr><th>类别</th><th>投资方</th><th>开发性质</th><th>举例</th></tr>
<tr><td>有偿转让</td><td>企业</td><td>项目内功能必备的配套设施</td><td>幼儿园、商场</td></tr>
<tr><td rowspan="2">不得有偿转让</td><td>政府</td><td>政府整体规划的配套设施</td><td>红线外道路、派出所</td></tr>
<tr><td>企业</td><td>项目内功能必备的配套设施</td><td>换热站、红线内道路</td></tr>
</table>

（1）配套设施不管以何种标准进行分类，其政府投资开发的配套设施都是不得有偿转让的配套设施，并且其产权也应归属于政府，那么房地产企业对该配套设施的开发就是一种代建行为。在会计核算上，代建行为可以视同企业自建进行账务处理，也可以另立账册单独核算。

（2）政府投资的配套设施项目，一般为大型配套设施项目。而对于一些中小房地产开发企业，政府一般不安排大型配套设施项目，即便有这类项目，政府也不直接货币出资，而是以减免部分土地出让金的形式进行安排。因此，本书对此内容不做单独叙述。

2. 配套设施的成本项目

企业根据配套设施本身的开发要求，有的可能占用土地成本，有的可能不占用土地，甚至有的不需基础设施配套。所以，配套设施的成本项目依据配套设施自身情况而定，并不局限于上表列示。

类别	成本项目
占用企业红线内土地	土地成本、前期工程费、基础设施费、建筑安装工程费、配套设施费、开发间接费
不占用企业红线内土地	前期工程费、基础设施费、建筑安装工程费、配套设施费、开发间接费

3.3.2 配套设施开发成本的核算

理论上，配套设施作为独立于各个有偿转让的商品房建筑项目，在会计核算时应该在“开发成本”一级会计科目下设置“配套设施开发成本”二级会计科目，对配套设施的成本进行归集核算。

实务工作中，企业一般将“配套设施开发成本”的核算内容并入“房屋开发成本”进行核算。如本书中，可有偿转让的“幼儿园”建设项目，不得对外有偿转让的“换热站”建设项目。

实务工作中，很少一部分企业采用上述理论进行科目设置和会计核算，其具体核算方法为：

例如：上节所述可有偿转让的“幼儿园”建设项目，核算时将二级科目“房屋开发成本”替换为“配套设施开发成本”。即成本归集时借记“开发成本——配套设施开发成本（幼儿园）”，贷记“银行存款”或“应付账款”。完工时借记“开发产品——幼儿园”，贷记“开发成本——配套设施开发成本（幼儿园）”。

再如：上节所述不得对外有偿转让的“换热站”建设项目，核算时将二级科目“房屋开发成本”替换为“配套设施开发成本”。即成本归集时借记“开发成本——配套设施开发成本（换热站）”，贷记“银行存款”或“应付账款”。分配时借记“开发产品——××（具体有偿项目）”，贷记“开发成本——配套设施开发成本（换热站）”。

3.4 开发产品的核算

为了核算房地产开发企业的开发产品，应设置“开发产品”账户进行会计核算。

“开发产品”账户核算房地产开发企业开发产品的增加、减少及结存情况。该账户借方登记已竣工验收的开发产品的实际成本，贷方登记月末结转的已销售、转让、结算或出租的开发产品的实际成本。月末借方余额表示尚未销售、转让、结算或出租的各种开发产品的实际成本。该账户应按开发产品的种类，如土地、房屋、配套设施、代建工程和周转房等设置明细账户，并在明细账户下，按成本核算对象设置账页，一般为多栏式明细账。

按照国税发［2009］31号文件第三条，开发产品符合下列条件之一的，应视为已经完工：

◆开发产品竣工证明材料已报房地产管理部门备案。

◆开发产品已开始投入使用。

◆开发产品已取得了初始产权证明。

只要具备以上三个条件即可结转收入成本，结转开发产品。

3.4.1 完工开发产品成本结转的会计处理

企业的开发产品，在竣工验收时，应按实际成本，借记“开发产品”账户，贷记“开发成本”账户。

【例3－24】2013年7月31日，苏州江秀房地产开发有限公司根据竣工验收单，已完成开发产品实际成本为3 355万元。

成本归集表

单位：万元

项目	房屋开发成本——前期工程费	房屋开发成本——建筑安装工程费	房屋开发成本——基础设施费	房屋开发成本——配套设施费	房屋开发成本——开发间接费	合计
多层住宅	320	1 000	180	400	300	2 200
高层住宅	182	538	80	200	100	1 100
幼儿园	5	30	5	8	2	50
换热站	0.3	2.2	1	1	0.5	5
合计	507.3	1 570.2	266	609	402.5	3 355

账务处理如下：

记账凭证

2013年7月31日　　　　第　号

摘要	总账科目	明细科目	借方	贷方	记账
结转开发产品成本	开发产品	房屋——多层住宅	22 000 000		
	开发产品	房屋——高层住宅	11 000 000		
	开发产品	房屋——幼儿园	500 000		
	开发产品	房屋——换热站	50 000		
	开发成本			33 550 000	
附件：　张					
合计			33 550 000	33 550 000	

会计主管：××× 记账：××× 复核：××× 出纳：××× 制单：×××

3.4.2 已销开发产品成本结转的会计处理

企业对外销售的开发产品，应区分不同情况及时进行会计处理。

1）企业对外转让、销售开发产品时，应于月份终了时按开发产品的实际成本，借记“主营业务成本”账户，贷记“开发产品”账户。

【例3-25】苏州江秀房地产开发有限公司2013年5月15日销售多层住宅10套，房屋成本为500万元。依据10套已销房屋的汇总清单结转成本。

账务处理如下：

记账凭证

2013年5月15日　　　　第　号

摘要	总账科目	明细科目	借方	贷方	记账
结转房屋成本	主营业务成本		5 000 000		
	开发产品	房屋——多层住宅		5 000 000	
附件：　张					
合计			5 000 000	5 000 000	

会计主管：××× 记账：××× 复核：××× 出纳：××× 制单：×××

2）采用分期收款方式销售开发产品的，在将开发产品移交使用单位或办妥分期收款，签订销售合同后，按分期收款的开发产品的实际成本，借记“分期收款开发产品”账户，贷记“开发产品”账户。

【例3-26】2013年5月25日，苏州江秀房地产开发有限公司将10套商品B房采用分期收款方式销售给安达公司，销售总价款一年内分两次收回，房屋成本为550万元。销售当日双方签订了分期收款销售合同。依据10套已销房屋的汇总清单结转成本。

账务处理如下：

记账凭证

2013年5月25日　　　　第　号

摘要	总账科目	明细科目	借方	贷方	记账
结转房屋成本	分期收款开发产品	房屋——高层住宅	5 500 000		
	开发产品	房屋——高层住宅		5 500 000	
附件：　张					
合计			5 500 000	5 500 000	

会计主管：××× 记账：××× 复核：××× 出纳：××× 制单：×××

3.4.3 其他用途开发产品成本结转的会计处理

其他用途开发产品成本的结转如下：

1）企业将开发的房屋用于安置拆迁居民周转使用的，应于移交使用时，按土地和房屋的实际成本，借记“周转房”账户，贷记“开发产品——土地（或房屋）”账户。

【例3-27】2013年5月31日，苏州江秀房地产开发有限公司为安置拆迁居民开发的房屋已全部竣工，其总成本为500万元。

工程竣工结算汇总表

项目	金额（万元）
人工费	100
材料费	220
机械使用费	70
利息费用	50
其他费用	60
合计	500

账务处理如下：

记账凭证

2013 年 5 月 31 日　　第　号

摘要	总账科目	明细科目	借方	贷方	记账
结转周转房成本	周转房	在用周转房	5 000 000		
	开发产品	房屋——周转房		5 000 000	
附件：　张					
合计			5 000 000	5 000 000	

会计主管：×××　记账：×××　复核：×××　出纳：×××　制单：×××

2）企业将开发产品用于出租的，应按照确定的建造成本，借记“投资性房地产”账户，贷记“开发产品”账户。

【例 3－28】2013 年 5 月 31 日，苏州江秀房地产开发有限公司将 10 套商品 A 房投入出租使用，结转其实际成本为 500 万元。

账务处理如下：

记账凭证

2013 年 5 月 31 日　　　　第　号

摘要	总账科目	明细科目	借方	贷方	记账
结转出租房屋成本	投资性房地产	多层住宅	5 000 000		
	开发产品	房屋开发成本—多层住宅		5 000 000	
附件：　张					
合计			5 000 000	5 000 000	

会计主管：×××　记账：×××　复核：×××　出纳：×××　制单：×××

3）企业将开发的房屋转为自用的，应于房屋自用时，按开发产品的实际成本，借记“固定资产”账户，贷记“开发产品——房屋”账户。

【例 3－29】2013 年 5 月 31 日，苏州江秀房地产开发有限公司将 4 套商品 A 房转为自用，结转其实际成本 200 万元。

账务处理如下：

记账凭证

2013 年 5 月 31 日　　　　第　号

摘要	总账科目	明细科目	借方	贷方	记账
结转自用房屋成本	固定资产	多层住宅	2 000 000		
	开发产品	房屋——多层住宅		2 000 000	
附件：　张					
合计			2 000 000	2 000 000	

会计主管：×××　记账：×××　复核：×××　出纳：×××　制单：×××

第4章

长期资产的会计核算

长期资产是企业拥有的变现周期在一年以上或者一个营业周期以上的资产（非流动资产）。长期资产主要包括固定资产、无形资产、投资性房地产和长期股权投资等。

4.1 长期资产概述

4.1.1 长期资产的特征

长期资产是可以在一年或超过一年的一个营业周期以上变现或者耗用的资产。

长期资产主要有以下特点：

1）周转时间长。

长期资产的变现周期一般在一年或者超过一年的一个营业周期以上。

2）效益高。

长期资产能够长期为企业带来现金流量，为企业创造价值。

3）风险大。

长期资产的运转周期长，未来的不确定性加大了其风险。

4.1.2 长期资产的核算内容

长期资产类会计科目包括：固定资产、无形资产、投资性房地产和长期股权投资等，各科目按照明细进行核算，借记增加贷记减少，期末一般为借方余额。

1）固定资产。

核算企业固定资产的原价（成本）。“固定资产”科目应按照根据企业会计准则规定的固定资产标准，结合本企业的具体情况，制定固定资产目录，作为核算依据。期末借方余额，反映企业固定资产的原价（成本）。

2）无形资产。

核算企业持有的无形资产成本。本科目应按照无形资产项目进行明细核算。本科目期末借方余额，反映企业无形资产的成本。

3）投资性房地产。

核算投资性房地产的价值，包括采用成本模式计量的投资性房地产或采用公允价值模式计量的投资性房地产。

4）长期股权投资。

核算企业准备长期持有的权益性投资。“长期股权投资”科目应按照被投资单位进行明细核算，期末借方余额，反映企业持有的长期股权投资的成本。

因为中小企业很少涉及长短期投资项目的核算，所以本书不对长、短期投资展开示范。

4.2 固定资产的会计核算

4.2.1 入账价值的确认

企业外购固定资产的成本，包括购买价款、相关税费、使固定资产达到预定可使用状态前所发生的可归属于该项资产的运输费、装卸费、安装费和专业人员服务费。

以一笔款项购入多项没有单独标价的固定资产，应当按照各项固定资产的公允价值比例对总成本进行分配，分别确定各项固定资产的成本。

购入固定资产超过正常信用条件延期支付价款、实质上具有融资性质的，按应付购买价值的现值，借记“固定资产”或“在建工程”科目，按应支付的金额，贷记“长期应付款”科目，按其差额，借记“未确认融资费用”科目。

1. 外购固定资产

1）购入不需要安装的固定资产。

购入不需要安装的固定资产，按应计入固定资产成本的金额借记“固定资产”科目，贷记“银行存款”等科目。

2）购入需要安装的固定资产。

购入需要安装的固定资产，先计入“在建工程”科目，达到预定可使用状态时，再转入“固定资产”科目。

2. 自行建造的固定资产

自行建造的固定资产，按建造该项资产达到预定可使用状态前所发生的必要支出，作为入账价值。建造该项资产达到预定可使用状态前所发生的必要支出包括工程物资成本、人工成本、交纳的相关税费、应予以资本化的借款费用以及应分摊的间接费用等。

1）企业为在建工程准备的各种物资。

应按实际支付的购买价款、增值税税额、运输费、保险费等相关税费，作为实际成本，并按各种专项物资的种类进行明细核算。

2）企业的自营工程。

应当按照直接材料、直接人工、直接机械施工费等计量；采用出包工程方式的企业，按照应支付的工程价款等计量。

3）设备安装工程。

按照所安装设备的价值、工程安装费用、工程试运转等所发生的支出等确定工程成本。

4.2.2 固定资产的折旧

1. 折旧计提原则

1）一般原则。

固定资产应当按月计提折旧，当月增加的固定资产，当月不计提折旧，从下月起计提折旧；当月减少的固定资产，当月仍然计提折旧，从下月起不再计提折旧。

2）特殊规定。

固定资产提足折旧后，不论能否继续使用，均不再计提折旧，提前报废的固定资产，也不再补提折旧。

已达到预定可使用状态但尚未办理竣工决算的固定资产，应当按照估计价值确定其成本，并计提折旧，待办理竣工决算后，再按实际成本调整原来的暂估价值，但不需要调整原已计提的折旧额。

2. 折旧计提方法

1）平均年限法。

平均年限法是将固定资产的可折旧价值平均分摊于其可折旧年限内的一种方法。它适用于在各个会计期间使用程度比较均衡的固定资产。

其计算公式为：

（1）年折旧额＝（固定资产原值－预计净残值）÷预计使用年限

（2）月折旧额＝年折旧额÷12

2）工作量法。

工作量法是根据固定资产在使用期间完成的总工作量平均计算折旧的一种方法。

其计算公式为：

（1）单位工作量折旧额＝（固定资产原值－预计净残值）÷预计总工作量

＝固定资产原值×（1－预计净残值率）÷预计总工作量

（2）月折旧额＝单位工作量折旧额×当月实际完成工作量

3）双倍余额递减法。

双倍余额递减法是在不考虑固定资产净残值的情况下，根据每期期初固定资产原价减去累计折旧后的余额和双倍直线法折旧率计算固定资产折旧的一种方法。

其计算公式为：

（1）年折旧率（双倍直线折旧率）＝（2÷预计使用年限）×100%

（2）年折旧额＝期初固定资产账面净值×双倍直线折旧率

由于每年年初固定资产净值没有扣除预计净残值，因此，在应用这种方法计算折旧额时必须注意不能使固定资产的账面折余价值降低到其预计净残值以下，即实行双倍余额递减法计算折旧的固定资产，应在其折旧年限到期前两年内，将固定资产净值扣除预计净残值后的余额平均摊销。

4）年限总和法。

年限总和法是以固定资产的原值减去预计净残值后的净额为基数，以一个逐年递减的分数为折旧率，计算各年固定资产折旧额的一种方法。

各年折旧率，是以固定资产尚可使用年限作分子，以固定资产使用年限的逐年数字之和做分母。

其计算公式为：

（1）年折旧率＝尚可使用年限÷预计使用年限的逐年数字总和

（2）年折旧额＝（固定资产原值－预计净残值）×年折旧率

（3）月折旧额＝（固定资产原值－预计净残值）×月折旧率

4.2.3 固定资产的处置

1. 一般处置方式的核算内容

1）注销账面的固定资产。

因出售、报废和毁损等原因减少的固定资产，首先应注销账面的固定资产，按减少的固定资产账面价值，借记“固定资产清理”科目，按已计提折旧，借记“累计折旧”科目，按已计提的减值准备，借记“固定资产减值准备”科目，按固定资产的原价，贷记“固定资产”科目。

2）清理费用。

对于清理过程中发生的费用以及应交的税金，借记“固定资产清理”科目，贷记“银行存款”“应交税费”等科目。

3）残料价值和变价收入。

对于收回出售固定资产的价款、毁损报废取得的残料价值和变价收入等，借记“银行存款”“原材料”等科目；应当由保险公司或过失人赔偿的损失，借记“其他应收款”等科目，贷记“固定资产清理”科目。

4）固定资产清理净收益。

固定资产清理后的净收益，区别情况处理：属于筹建期间的，冲减长期待摊费用，借记“固定资产清理”科目，贷记“长期待摊费用”科目；属于生产经营期间的，计入损益，借记“固定资产清理”科目，贷记“营业外收入——处理固定资产净收益”科目。

5）固定资产清理净损失。

固定资产清理后的净损失，区别情况处理：属于筹建期间的，计入长期待摊费用，借记“长期待摊费用”科目，贷记“固定资产清理”科目；属于生产经营期间由于自然灾害等非正常原因造成的损失，借记“营业外支出——非正常损失”科目，贷记“固定资产清理”科目；属于生产经营期间正常的处理损失的，借记“营业外支出——处理固定资产净损失”科目，贷记“固定资产清理”科目。

2. 其他方式减少的固定资产的核算

企业持出售的固定资产，应当调整其预计净残值，但不得超过其账面价值。原账面价值高于预计净残值的差额，应作为资产减值损失计入当期损益。其他方式减少的固定资产，如以固定资产清偿债务、投资转出的固定资产、以非货币性资产交换的固定资产等，分别按照债务重组、非货币性资产交换等的处理原则进行核算。

4.2.4 固定资产的清查

1. 盘盈固定资产的核算

在固定资产清查过程中发现的盘盈固定资产，经查明确属企业所有后应确定固定资产定的重置价值，并为其重新建立固定资产卡片。

企业盘盈的固定资产，作为会计差错处理：

借：固定资产

　贷：以前年度损益调整

2. 盘亏固定资产的核算

在固定资产清查过程中发现的盘亏固定资产，应根据账面价值借记“待处理财产损溢”科目，根据已计提折旧借记“累计折旧”科目，根据原值贷记“固定资产”科目。待有关部门审批之后：

借：营业外支出

　贷：待处理财产损溢

4.2.5 固定资产的减值

固定资产在资产负债表日存在可能发生减值的迹象时，其可收回金额低于账面价值的，企业应当将该固定资产的账面价值减记至可回收金额，减记的金额确认为减值损失，计入当期损益，同时计提相应的资产减值准备。

借：资产减值损失——计提的固定资产减值准备

　贷：固定资产减值准备

固定资产减值损失一经确认，在以后会计期间不得转回。

4.2.6 固定资产业务核算示范

【例 4－1】 2013 年 1 月 13 日，苏州江秀房地产开发有限公司购入一台不需要安装的设备，取得的增值税专用发票上注明的设备售价为200 000元，增值税税额为34 000元。

账务处理如下：

记账凭证

2013年1月13日　　　　第　号

摘要	总账科目	明细科目	三级明细	借方	贷方	记账
购入固定资产	固定资产	机器设备		234 000		
	银行存款	建行城中支行			234 000	
附件：　张						
合计				234 000	234 000	

会计主管：×××　记账：×××　复核：×××　出纳：×××　制单：×××

【例4-2】2013年1月31日，苏州江秀房地产开发有限公司的一台设备已到规定的使用年限，决定实行报废。该设备原值400 000元，已提折旧360 000元，因使用期满经批准报废。

账务处理如下：

记账凭证

2013年1月31日　　　　第　号

摘要	总账科目	明细科目	三级明细	借方	贷方	记账
清理固定资产	固定资产清理			40 000		
	累计折旧			360 000		
	固定资产	机器设备			400 000	
附件：　张						
合计				400 000	400 000	

会计主管：×××　记账：×××　复核：×××　出纳：×××　制单：×××

【例4-3】承上例，该报废设备运送至废旧物资收购地，支付运费1 000元。

账务处理如下：

记账凭证

2013年1月31日　　　　第　号

摘要	总账科目	明细科目	三级明细	借方	贷方	记账
清理固定资产	固定资产清理			1 000		
	库存现金				1 000	
附件：　张						
合计				1 000	1 000	

会计主管：×××　记账：×××　复核：×××　出纳：×××　制单：×××

【例4－4】承上例，该报废设备运送至废旧物资收购地，取得废品收入支票12 000元。

账务处理如下：

记账凭证

2013年1月31日　　　　第　号

摘要	总账科目	明细科目	三级明细	借方	贷方	记账
清理固定资产	银行存款			12 000		
	固定资产清理				12 000	
附件：　张						
合计				12 000	12 000	

会计主管：×××　记账：×××　复核：×××　出纳：×××　制单：×××

【例4－5】承上例，该报废设备清理完毕将“固定资产清理”转入“营业外支出”。

账务处理如下：

记账凭证

2013 年 1 月 31 日　　　　第　号

摘要	总账科目	明细科目	三级明细	借方	贷方	记账
清理固定资产	营业外支出			29 000		
	固定资产清理				29 000	
附件：　张						
合计				29 000	29 000	

会计主管：×××　记账：×××　复核：×××　出纳：×××　制单：×××

【例 4－6】2013 年 12 月 31 日，图纸复印制图设备原值 32 000 元，净残值 500 元，已计提折旧 5 000 元，经检测确认发生减值损失。可收回现值为 15 000 元。应计提减值准备 12 000 元。

账务处理如下：

记账凭证

2013 年 12 月 31 日　　　　第　号

摘要	总账科目	明细科目	借方	贷方	记账
确认减值	资产减值损失		12 000		
	固定资产减值准备			12 000	
附件：　张					
合计			12 000	12 000	

会计主管：×××　记账：×××　复核：×××　出纳：×××　制单：×××

【例 4－7】2013 年 12 月 31 日，苏州江秀房地产开发有限公司计提办公楼折旧 63 000元，计提办公设备15 000元。

账务处理如下：

记账凭证

2013 年 12 月 31 日 第 号

摘要	总账科目	明细科目	三级明细	借方	贷方	记账
计提折旧	管理费用			78 000		
	累计折旧				78 000	
附件： 张						
合计				78 000	78 000	

会计主管：××× 记账：××× 复核：××× 出纳：××× 制单：×××

4.3 无形资产的会计核算

4.3.1 无形资产的初始计量

1. 外购无形资产

外购的无形资产购买价款、相关税费以及直接归属于使该项资产达到预定用途所发生的其他支出。

购买无形资产的价款超过正常信用条件延期支付，实质上具有融资性质。以购买价款的现值为基础确定。实际支付的价款与购买价款的现值之间的差额，除按照《企业会计准则第 17 号——借款费用》应予资本化的以外，应当在信用期间内计入当期损益。

账务处理为：

借：无形资产

　贷：银行存款等科目

2. 自行开发无形资产

自行开发的无形资产自满足会计准则第四条和第九条规定后达到预定用途前所发生的支出总额，但是对于以前期间已经费用化的支出不再调整。

账务处理为：

借：无形资产

　贷：研发支出

3. 投资者投入无形资产

投资者投入的无形资产按照投资合同或协议约定的价值确定，但合同或协议约定价值不公允的除外。

账务处理为：

借：无形资产

　贷：实收资本

　　　资本公积（合同或协议约定价值超出资本份额）

4. 通过其他方式取得无形资产

非货币性资产交换、债务重组、政府补助和企业合并取得的无形资产，分别按照《企业会计准则第 7 号——非货币性资产交换》《企业会计准则第 12 号——债务重组》《企业会计准则第 16 号——政府补助》和《企业会计准则第 20 号——企业合并》确定购入不需要安装的固定资产。

4.3.2 无形资产的处置

因出售、报废、对外投资等原因处置无形资产。处置可能产生净收益，也可能导致净损失，其账务处理为：

1）处置收益：

借：银行存款

　　累计摊销

　贷：应交税费

　　　无形资产

　　　营业外收入——处置非流动资产净收益

2）处置损失：

借：银行存款

　　累计摊销

　　营业外支出——处置非流动资产净损失

　贷：应交税费

　　　无形资产

4.3.3 无形资产的摊销

1. 无形资产摊销的方法

由于企业的无形资产公允价值计量模式法下不摊销，成本计量模式法下应当在规定的期限内平均摊销，所以资产的摊销方法采用平均法。计算公式如下：

无形资产年摊销额 = 无形资产的原值 ÷ 无形资产的有效使用年限

无形资产月摊销额 = 无形资产年摊销额 ÷ 12

2. 无形资产摊销的年限

无形资产摊销年限的规定

合同对无形资产摊销年限的确定	应确定的摊销年限
合同规定了受益年限但法律没有规定有效年限的	按不超过合同规定的受益年限摊销
合同没有规定受益年限而法律规定了有效年限的	按不超过法律规定的有效年限摊销
合同规定了受益年限，法律也规定了有效年限的	按不应超过受益年限和有效年限两者之中较短者推销
合同没有规定受益年限，法律也没有规定有效年限的	每年进行减值测试

4.3.4 无形资产核算示范

【例4－8】 2013年1月22日，苏州江秀房地产开发有限公司购入一项专利权，使用期为10年，实际支付价款400 000元，所有款项已用银行存款支付。

账务处理如下：

记账凭证

2013年1月22日　　　　第　号

摘要	总账科目	明细科目	三级明细	借方	贷方	记账
购入专利权	无形资产	专利权		400 000		
	银行存款	建行城中支行			400 000	
附件：　张						
合计				400 000	400 000	

会计主管：×××　记账：×××　复核：×××　出纳：×××　制单：×××

【例4－9】 承上例，2013年1月31日摊销无形资产。

账务处理如下：

记账凭证

2013 年 1 月 31 日　　　　第　号

摘要	总账科目	明细科目	三级明细	借方	贷方	记账
摊销	管理费用			3 333. 33		
	无形资产摊销				3 333. 33	
附件：　　张						
合计				3 333. 33	3 333. 33	

会计主管：×××　记账：×××　复核：×××　出纳：×××　制单：×××

【例 4 －10】 2013 年 1 月 26 日，苏州江秀房地产开发有限公司将拥有的一项专利权出售，取得收入 600 000 元。该项专利权的账面余额为 400 000 元，已摊销 100 000 元。

转让专利权应交营业税 = 600 000 × 5% = 30 000（元）。

账务处理如下：

记账凭证

2013 年 1 月 26 日　　　　第　号

摘要	总账科目	明细科目	三级明细	借方	贷方	记账
出售专利权	银行存款	建行城中支行		600 000		
	累计摊销			100 000		
	无形资产	专利权			400 000	
	应交税费	应交营业税			30 000	
	营业外收入	处置无形资产净收益			270 000	
附件：　　张						
合计				700 000	700 000	

会计主管：×××　记账：×××　复核：×××　出纳：×××　制单：×××

4.4 投资性房地产的会计核算

4.4.1 投资性房地产的初始计量

1. 外购投资性房地产

投资性房地产的入账价值为购买价款、相关税费和可直接归属于该资产的其他支出。只有在购入房地产的同时开始对外出租（自租赁期开始日起，下同）或用于资本增值，才能称之为外购的投资性房地产。

2. 自建投资性房地产

投资性房地产的入账价值由建造该资产达到预定可使用状态前发生的必要支出构成。只有在自行建造或开发活动完成后（即达到预定可使用状态）才能称之为自建的投资性房地产。

4.4.2 投资性房地产的核算模式

1. 成本模式计量核算

1）购入核算。

外购投资性房地产或自行建造的投资性房地产达到预定可使用状态时，按照其实际成本，借记“投资性房地产”科目，贷记“银行存款”“在建工程”等科目。

2）取得收入。

取得的租金收入，借记“银行存款”等科目，贷记“其他业务收入”等科目。

3）计算成本。

按期（月）计提折旧或进行摊销时，借记“其他业务成本”等，贷记“投资性房地产累计折旧（摊销）”科目。

4）计提减值。

经减值测试后确定发生减值的，借记“资产减值损失”科目，贷记“投资性房地产减值准备”。

5）投资性房地产的处置。

（1）收到处置款：

借：银行存款

　　贷：其他业务收入

（2）转出投资性房地产：

借：其他业务成本

　贷：投资性房地产

　　　应交税费

2. 公允模式计量核算

1）购入核算。

按取得的成本确认投资性房地产的价值，按实际成本，借记“投资性房地产（成本）”科目，贷记“银行存款”“在建工程”等科目。

2）取得收入。

取得投资性房地产租金收入时，借记“银行存款”等科目，贷记“其他业务收入”等科目。

3）价值变动。

平常不对投资性房地产计提折旧或摊销，只需要在会计期末按照公允价值调整其账面价值。在资产负债表日，投资性房地产的公允价值高于原账面价值的差额，借记“投资性房地产（公允价值变动）”科目，贷记“公允价值变动损益”科目；公允价值低于原账面价值的差额，作相反的会计分录。

4）投资性房地产的处置。

（1）收到处置款：

借：银行存款

　贷：其他业务收入

（2）转出投资性房地产：

借：其他业务成本

　贷：投资性房地产（成本）

　　　应交税费

　　　投资性房地产（公允价值变动）（可能在借方）

（3）结转公允价值变动：

借：公允价值变动损益

　贷：其他业务收入

或

借：其他业务成本

　公允价值变动损益

4.4.3 投资性房地产核算示范

【例4－11】苏州江秀房地产开发有限公司将2009年12月31日达到预定可使用状态的自建建筑物对外出租并采用公允价值模式计量，租期为3年，每年12月31日收取租金 150 万元，出租时，该建筑物的建造成本为 1 800 万元，尚可使用年限为 20 年。

账务处理如下：

记账凭证

2009 年 12 月 31 日　　　　第　号

摘要	总账科目	明细科目	三级明细	借方	贷方	记账
房地产达到预定状态	投资性房地产	成本		18 000 000		
	开发成本				18 000 000	
附件：　　张						
合计				18 000 000	18 000 000	

会计主管：××× 记账：××× 复核：××× 出纳：××× 制单：×××

【例 4－12】承上例，2010 年 12 月 31 日，苏州江秀房地产开发有限公司收取租金 150 万元，该建筑物的公允价值为 1 850 万元。

账务处理如下：

记账凭证

2010 年 12 月 31 日　　　　第　号

摘要	总账科目	明细科目	三级明细	借方	贷方	记账
收取租金	银行存款	建行城中支行		1 500 000		
	其他业务收入				1 500 000	
公允价值变动	投资性房地产	公允价值变动		500 000		
	公允价值变动损益				500 000	
附件：　　张						
合计				2 000 000	2 000 000	

会计主管：××× 记账：××× 复核：××× 出纳：××× 制单：×××

【例 4－13】承上例，2011 年 12 月 31 日，苏州江秀房地产开发有限公司收取租金 150 万元，该建筑物的公允价值为 1 820 万元。

账务处理如下：

记账凭证

2011 年 12 月 31 日　　　　第　号

摘要	总账科目	明细科目	三级明细	借方	贷方	记账
收取租金	银行存款	建行城中支行		1 500 000		
	其他业务收入				1 500 000	
公允价值变动	公允价值变动损益			300 000		
	投资性房地产	公允价值变动			300 000	
附件：　张						
合计				1 800 000	1 800 000	

会计主管：××× 记账：××× 复核：××× 出纳：××× 制单：×××

【例 4-14】承上例，2012 年 12 月 31 日，苏州江秀房地产开发有限公司收取租金 150 万元，该建筑物的公允价值为 1 780 万元。

账务处理如下：

记账凭证

2012 年 12 月 31 日　　　　第　号

摘要	总账科目	明细科目	三级明细	借方	贷方	记账
收取租金	银行存款	建行城中支行		1 500 000		
	其他业务收入				1 500 000	
公允价值变动	公允价值变动损益			400 000		
	投资性房地产	公允价值变动			400 000	
附件：　张						
合计				1 900 000	1 900 000	

会计主管：××× 记账：××× 复核：××× 出纳：××× 制单：×××

【例 4-15】承上例，2013 年 1 月 5 日，苏州江秀房地产开发有限公司将建筑物对外出售，收到 1 800 万元存入银行。假定不考虑相关税费。

账务处理如下：

记账凭证

2013 年 1 月 5 日　　　　　　　　　　　　第　号

摘要	总账科目	明细科目	三级明细	借方	贷方	记账
出售房地产	银行存款	建行城中支行		18 000 000		
	其他业务收入				18 000 000	
结转成本	其他业务成本			17 800 000		
	投资性房地产	公允价值变动		200 000		
结转损益	投资性房地产	成本			18 000 000	
	其他业务成本			200 000		
	公允价值变动损益				200 000	
附件：　　张						
合计				36 200 000	36 200 000	

会计主管：××× 记账：××× 复核：××× 出纳：××× 制单：×××

【例4－16】苏州江秀房地产开发有限公司对外出租的一写字楼，于2012 年7 月31 日到期，经双方协议不再续租，自 8 月 1 日开始，将作为该公司的办公写字楼自用。截止到7 月底，该写字楼账面余值为1 500 000 元，其中，账面原值为1 700 000 元，已计提累计折旧200 000 元。在会计处理上一直采用成本模式计量。

账务处理如下：

记账凭证

2012 年 8 月 1 日　　　　　　　　　　　　第　号

摘要	总账科目	明细科目	三级明细	借方	贷方	记账
收回对外出租写字楼	固定资产	写字楼		1 700 000		
	投资性房地产累计折旧			200 000		
	投资性房地产	写字楼			1 700 000	
	累计折旧				200 000	
附件：　　张						
合计				1 900 000	1 900 000	

会计主管：××× 记账：××× 复核：××× 出纳：××× 制单：×××

【例4－17】苏州江秀房地产开发有限公司将一自用的写字楼对外出租，于2012年10月1日与另一家企业签订租赁协议，租赁期限为5年。苏州江秀房地产开发有限公司决定将该房产由固定资产转换为以成本模式核算的投资性房地产，2012年10月1日，该资产的账面余额为1 550 000元，已计提折旧150 000元。

账务处理如下：

记账凭证

2012年10月1日　　　　第　号

摘要	总账科目	明细科目	三级明细	借方	贷方	记账
对外出租7号写字楼	投资性房地产	写字楼		1 550 000		
	累计折旧			150 000		
	固定资产	写字楼			1 550 000	
	投资性房地产累计折旧				150 000	
附件：　张						
合计				1 700 000	1 700 000	

会计主管：×××　记账：×××　复核：×××　出纳：×××　制单：×××

第5章

银行借款业务的会计核算

筹资是指企业为满足生产经营资金的需要，向企业外部单位或个人筹措资金的一种财务活动。资金是企业的命脉，是企业生存和发展所不可或缺的。筹措资金有各种各样的方式，其中我们最常见的就是向银行或其他金融机构借款。

银行借款是企业筹资渠道之一，属于债权性筹资。主要包括短期银行借款和长期银行借款。本章讲述短期借款和长期借款两个科目的核算。筹资的另一个渠道是权益性筹资，将在后面的章节介绍。债权性筹资与权益性筹资相比，债权性筹资有筹资速度快、资金成本较低、筹资弹性较大等优点和筹资数额比较有限的不足。

5.1 短期借款的会计核算

5.1.1 短期借款的核算内容

短期借款是指企业向银行或其他金融机构接借入的期限在一年以下（含一年）的各种借款。

“短期借款”科目应按照借款种类、贷款人和币种进行明细核算，期末贷方余额，反映企业尚未偿还的短期借款本金。

5.1.2 短期借款的核算类型

短期借款的核算类型

业务类型	会计处理
借入短期借款	借记“银行存款”等科目，贷记“短期借款”
归还短期借款	借记“短期借款”，贷记“银行存款”
发生的短期借款利息	数额不大的，可于支付月份时借记“财务费用”，贷记“银行存款”等
	数额比较大的，采用按月预提的办法，即各月末应借记“财务费用”，贷记“应付利息”；实际支付利息时，再借记“应付利息”，贷记“银行存款”

5.1.3 短期借款的核算示范

【例 5－1】苏州江秀房地产开发有限公司由于资金流转的需要，于 2013 年 3 月 1 日向建设银行借款 300 000 元，借款期限为 3 个月，年利率为 7%，利息与本金到期时一起归还，利息采用单利计息法。

账务处理如下：

记账凭证

2013 年 3 月 1 日　　　　第　号

摘要	总账科目	明细科目	三级明细	借方	贷方	记账
建设银行借款	银行存款	建行城中支行		300 000		
	短期借款	建行城中支行			300 000	
附件：　　张						
合计				300 000	300 000	

会计主管：×××　记账：×××　复核：×××　出纳：×××　制单：×××

【例 5－2】承上例，2013 年 5 月 31 日，建设银行的借款到期，苏州江秀房地产开发有限公司于当天分别将本金 300 000 元和利息 5 250 元支付给银行。

账务处理如下：

记账凭证

2013 年 5 月 31 日　　　　第　号

摘要	总账科目	明细科目	三级明细	借方	贷方	记账
支付本金和利息	短期借款	建行城中支行		300 000		
	财务费用	利息支出		5 250		
	银行存款	建行城中支行			305 250	
附件：　　张						
合计				305 250	305 250	

会计主管：×××　记账：×××　复核：×××　出纳：×××　制单：×××

5.2 长期借款的会计核算

5.2.1 长期借款的核算内容

长期借款是指企业向银行或其他金融机构借入的期限在一年以上（不含一年）的

各项借款。长期借款一般用于固定资产的构建、改扩建工程、大修理工程、对外投资以及为了保持长期经营能力等方面。

“长期借款”科目应按照借款种类、贷款人和币种进行明细核算，期末贷方余额，反映企业尚未偿还的长期借款本金。

5.2.2 长期借款利息的核算类型

长期借款利息的核算类型

类型	具体的账户处理	
	分期付息到期还本	一次还本付息
属于筹建期间的，计入长期待摊费用	借：长期待摊费用 贷：应付利息	借：长期待摊费用 贷：长期借款
属于生产经营期间的，计入财务费用	借：财务费用 贷：应付利息	借：财务费用 贷：长期借款
属于发生的与固定资产购建有关的专门借款的费用，在固定资产达到预定可使用状态前按规定应予以资本化	借：在建工程 贷：应付利息	借：在建工程 贷：长期借款
固定资产达到预定可使用状态后所发生的借款费用以及按规定不能予以资本化的借款费用	借：财务费用 贷：应付利息	借：财务费用 贷：长期借款

5.2.3 长期借款的核算示范

【例5-3】苏州江秀房地产开发有限公司于2011年1月1日从银行借入资金4 000 000元，用于补充流动资金的不足，借款期限为2年，年利率为8%，每年年末付息一次，到期偿还本金。所借款项已存入银行。2012年12月31日，企业如期归还该笔借款。

账务处理如下：

记账凭证

2011年1月1日　　　　第　号

摘要	总账科目	明细科目	三级明细	借方	贷方	记账
取得长期借款	银行存款	建行城中支行		4 000 000		
	长期借款	建行城中支行	本金		4 000 000	

续表

摘要	总账科目	明细科目	三级明细	借方	贷方	记账
附件：　　张						
合计				4 000 000	4 000 000	

会计主管：××× 记账：××× 复核：××× 出纳：××× 制单：×××

【例5-4】承上例，2011年12月31日，苏州江秀房地产开发有限公司从银行借的4 000 000元借款，应支付利息为320 000（4 000 000×8%）元，所以2011年12月31日应计提320 000的贷款利息。

账务处理如下：

记账凭证

2011年12月31日　　第　号

摘要	总账科目	明细科目	三级明细	借方	贷方	记账
计提借款利息	财务费用	利息支行		320 000		
	应付利息	建行城中支行			320 000	
附件：　　张						
合计				320 000	320 000	

会计主管：××× 记账：××× 复核：××× 出纳：××× 制单：×××

【例5-5】承上例，2011年12月31日，苏州江秀房地产开发有限公司支付建设银行的借款利息，并于当天拿到银行的利息单据。

账务处理如下：

记账凭证

2011 年 12 月 31 日　　　　第　号

摘要	总账科目	明细科目	三级明细	借方	贷方	记账
支付借款利息	应付利息	建行城中支行		320 000		
	银行存款	建行城中支行			320 000	
附件：　张						
合计				320 000	320 000	

会计主管：×××　记账：×××　复核：×××　出纳：×××　制单：×××

【例 5 -6】 承 **【例 5 -3】**，2012 年 12 月 31 日，苏州江秀房地产开发有限公司将建设银行的 4 000 000 借款全部还清。

账务处理如下：

记账凭证

2012 年 12 月 31 日　　　　第　号

摘要	总账科目	明细科目	三级明细	借方	贷方	记账
支付借款本金	长期借款	建行城中支行	本金	4 000 000		
	银行存款	建行城中支行			4 000 000	
附件：　张						
合计				4 000 000	4 000 000	

会计主管：×××　记账：×××　复核：×××　出纳：×××　制单：×××

第6章

应付职工薪酬业务的会计核算

应付职工薪酬是指企业为获得职工提供的服务而应付给职工的各种形式的报酬以及其他相关支出。

“应付职工薪酬”属于负债类科目，核算企业根据有关规定应付给职工的各种薪酬。其内容较为丰富，核算范围较为广泛，不仅包含职工的工资薪金，而且还将职工福利费、各项社会保险费用、住房公积金、工会经费、职工教育经费等纳入其中。

“应付职工薪酬”科目应按照“职工工资”“奖金津贴和补贴”“职工福利费”“社会保险费”“住房公积金”“工会经费”“职工教育经费”“非货币性福利”“辞退福利”等进行明细核算。

6.1 应付职工薪酬的核算内容

应付职工薪酬会计科目包括：职工工资，奖金、津贴和补贴，职工福利费，社会保险费，住房公积金，工会经费，职工教育经费，非货币性福利，辞退福利等，期末贷方余额，反映企业应付未付的职工薪酬。

项目	解释
职工工资	职工工资指企业支付给在本企业任职或受雇的员工的所有现金或非现金形式的劳动报酬，包括基本工资、奖金、津贴、补贴、年终加薪、加班工资，以及与员工任职或者受雇有关的其他支出
奖金、津贴和补贴	奖金一般是指职工超额完成任务，给公司或者工厂创造了更大的利润和效益，而给职工的额外报酬，是奖励性质的；津贴或者补贴，是指从事某项工作，或者地处环境艰苦，而给予职工适当的补偿，比如，高原津贴、岗位津贴、物价补贴、取暖补贴等等
职工福利费	职工福利费指企业按工资的一定比例提取出来的专门用于职工医疗、补助以及其他福利事业的经费
社会保险费	社会保险费指由用人单位及其职工以个人身份参加社会保险并缴纳的社会保险费，包括基本养老保险费、基本医疗保险费、工伤保险费、失业保险费和生育保险费
住房公积金	住房公积金制度指由职工所在的国家机关、国有企业、城镇集体企业、外商投资企业、城镇私营企业以及其他城镇企业、事业单位及职工个人缴纳并长期储蓄一定的住房公积金，用以日后支付职工家庭购买或自建自住住房、私房翻修等住房费用的制度
工会经费	工会经费指工会依法取得并开展正常活动所需的费用。按照《中华人民共和国工会法》的规定，工会经费的主要来源是工会会员缴纳的会费和按每月全部职工工资总额的2%向工会拨交的经费这二项，其中，每月全部职工工资总额的2%是工会经费的最主要来源
职工教育经费	职工教育经费指企业按工资总额的一定比例提取的用于职工教育的一项费用，是企业为职工学习先进技术和提高文化水平而支付的费用，在不超过工资薪金总额的2.5%部分准予税前扣除。

续表

项目	解释
非货币性福利	非货币性福利指企业不以货币形式发放给职工的各项福利性支出，包括企业将自产产品或外购产品作为福利发放给员工，为职工提供的自有或租赁住房，以低于成本价格向职工提供的产品或服务等
辞退福利	指企业与职工所签订的劳工合同未到期之前，企业由于各种原因需要提前终止劳动合同辞退员工，而给予被辞退员工的一笔资金补偿；辞退福利通常在解除劳动合同时一次性支付

6.2 应付职工薪酬的核算示范

【例6-1】苏州江秀房地产开发有限公司2013年8月份工资发放情况如下：

本月应发工资总额为100万元，分别为管理人员工资25万元，工程部门人员工资50万元，自建办公用项目人员工资25万元。其中：个人应负担的社保费为52 000元，个人应负担的住房公积金金额为48 000元，代扣代缴个人所得税税额为11 800元。公司出纳开出转账支票通过工商银行转到员工工资卡中。

账务处理如下：

记账凭证

2013年8月10日　　第　号

摘要	总账科目	明细科目	三级明细	借方	贷方	记账
发放8月份工资	应付职工薪酬	工资薪金		1 000 000		
	其他应收款	代扣社保费			52 000	
	其他应收款	代扣住房公积金			48 000	
	应交税费	应交个人所得税			11 800	
	银行存款	建行城中支行			888 200	
附件：　张						
合计				1 000 000	1 000 000	

会计主管：×××　记账：×××　复核：×××　出纳：×××　制单：×××

【例6-2】2013年8月15日，苏州江秀房地产开发有限公司开出一张金额为17 600元的转账支票，用于发放8月份的室外补贴。

账务处理如下：

记账凭证

2013 年 8 月 15 日　　　　第　号

摘要	总账科目	明细科目	三级明细	借方	贷方	记账
发放室外补贴	应付职工薪酬	室外补贴		17 600		
	银行存款	建行城中支行			17 600	
附件：　张						
合计				17 600	17 600	

会计主管：×××　记账：×××　复核：×××　出纳：×××　制单：×××

【例 6－3】2013 年 8 月 16 日，苏州江秀房地产开发有限公司从公司账户中自动划转公司职工的社会保险和住房公积金。其中：社会保险个人负担为 52 000 元，单位负担为 156 000 元，住房公积金个人负担为 48 000 元，单位负担为 48 000 元；20 日收到社保费专用收据和银行回单。

账务处理如下：

记账凭证

2013 年 8 月 16 日　　　　第　号

摘要	总账科目	明细科目	借方	贷方	记账
分配社保及公积金	管理费用	社保及公积金	51 000		
	开发间接费用	社保及公积金	102 000		
	在建工程	社保及公积金	51 000		
	其他应收款	代扣社保费	52 000		
	其他应收款	代扣住房公积金	48 000		
	应付职工薪酬	社会保险费		208 000	
	应付职工薪酬	住房公积金		96 000	
附件：　张					
合计			304 000	304 000	

会计主管：×××　记账：×××　复核：×××　出纳：×××　制单：×××

【例6-4】月末，根据本月工资总额计提2%的职工福利费20 000元，2%的工会经费20 000元，3%的职工教育经费30 000元。（福利费可在实际发生时直接列支，也可以计提。计提比例由企业自行确定。）

账务处理如下：

记账凭证

2013年8月31日　　　　第　号

摘要	总账科目	明细科目	三级明细	借方	贷方	记账
计提各项费用	管理费用	职工薪酬		17 500		
	开发成本	开发间接费		35 000		
	在建工程	职工薪酬		17 500		
	应付职工薪酬	职工福利费			20 000	
	应付职工薪酬	工会经费			20 000	
	应付职工薪酬	职工教育经费			30 000	
附件：　张						
合计				70 000	70 000	

会计主管：××× 记账：××× 复核：××× 出纳：××× 制单：×××

【例6-5】月末，根据上述工资总额分配到各项费用中。

账务处理如下：

记账凭证

2013年8月31日　　　　第　号

摘要	总账科目	明细科目	三级明细	借方	贷方	记账
分配工资	管理费用	工资薪金		25 4400		
	开发成本	开发间接费		508 800		
	在建工程	自建办公楼		254 400		
	应付职工薪酬	工资薪金			1 000 000	
	应付职工薪酬	室外补贴			17 600	
附件：　张						
合计				1 017 600	1 017 600	

会计主管：××× 记账：××× 复核：××× 出纳：××× 制单：×××

第7章

应交税费业务的会计核算

应交税费是指企业根据在一定时期内取得的营业收入、实现的利润等，按照现行税法规定，采用一定的计税方法计提的应交纳的各种税费。

应交税费核算企业按照税法规定计算应缴纳的各种税费，具有以下特点：

◆应交税费科目属于负债类科目，期末贷方余额，反映企业尚未交纳的税费，期末如为借方余额，反映企业多交或尚未抵扣的税费。

◆企业不需要预计应缴的税金，如印花税、耕地占用税和车辆购置税等，不在应交税费科目核算。

7.1 应交税费的核算内容

房地产企业的应交税费会计科目二级科目包括：营业税、城市维护建设税、企业所得税、土地增值税、城镇土地使用税、房产税、教育费附加和代扣代缴的个人所得税等，各科目按照应交的税费项目进行明细核算，贷记增加借记减少，计提税金时应交税费记录在贷方，表示应交税费的增加；交纳税金时记录在借方，表示应交税费的减少。

会计科目	解释
营业税	营业税指在我国境内提供应税劳务、转让无形资产和销售不动产的单位和个人，以其所取得的营业额为课税对象而征收的一种商品劳务税。房地产公司自建建筑物后销售的，应按建筑业和销售不动产缴纳两道营业税，且这两道营业税的计税依据不同。前者税率为 3%，后者税率为 5%
城市维护建设税	城市维护建设税指对从事工商经营的缴纳增值税、消费税、营业税的单位和个人征收的一种税。城市维护建设税根据纳税人所在地不同设有不同的税率，纳税人所在地为市区的，税率为 7%；纳税人所在地为县城、镇的，税率为 5%；纳税人所在地不在市区、县城或者镇的，税率为 1%
企业所得税	企业所得税指国家对在我国境内从事生产、经营所得和其他所得依法征收的一种税。所得税的纳税人为在我国境内实行独立核算的企业或者组织
土地增值税	土地增值税指国家对转让国有土地使用权、地上建筑物及其附着物并取得收入的单位和个人征收的一种税
城镇土地使用税	城镇土地使用税指国家对拥有土地使用权的单位和个人征收的一种税。其主要特点是按土地等级标准计征。土地使用税的纳税人为拥有土地使用权的单位和个人，其应纳的土地使用税额，按实际占用的土地面积乘以单位税额计算求得
房产税	房产税指以房屋为征税对象，依照房屋的余值（即房屋原值一次减去 10%～30% 后的剩余价值）或出租房屋的租金收入征收的一种税。房产税的纳税人为房屋产权的所有人、经营管理单位、承典人、房产代管人或者使用人。应纳的房产税额，按房产余值乘以 1.2% 或按房产租金收入乘以 12% 计算求得
教育费附加	教育费附加指对缴纳增值税、消费税、营业税的单位和个人，就其实际缴纳的税额为依据征收的一种附加费。教育费附加是国家为了发展我国的教育事业，提高人民的文化素质而征收的一项费用

续表

会计科目	解释
车船税	车船税指在我国境内依法办理登记的车辆、船舶，根据其种类，按照规定的计税依据和年税额标准计算征收的一种财产税
个人所得税	个人所得税指对在我国境内的个人所得和来源于我国的个人所得征收的一种税。该税种是由单位代扣代交。个人所得税的纳税人为取得税法规定的各项应税所得的中国公民、个体工商业户以及在中国有所得的外籍人员和港、澳、台同胞

7.2 应交税费的核算示范

【示范7－1】苏州江秀房地产开发有限公司2013年6月份销售新开发的楼盘取得收入，计算本月应交纳的营业税为320 000元。

账务处理如下：

记账凭证

2013年6月30日　　　　第　号

摘要	总账科目	明细科目	三级明细	借方	贷方	记账
计提税金及附加	营业税金及附加			320 000		
	应交税费	应交营业税			320 000	
附件：　张						
合计				320 000	320 000	

会计主管：×××　记账：×××　复核：×××　出纳：×××　制单：×××

【例7－2】苏州江秀房地产开发有限公司位于苏州市区，2013年6月份应交纳营业税320 000元，则本月应该交纳的城市维护建设税和教育费附加分别为：

城市建设维护税：320 000×7%＝22 400（元）

教育费附加：320 000×3%＝9 600（元）

账务处理如下：

记账凭证

2013年6月30日　　第　号

摘要	总账科目	明细科目	三级明细	借方	贷方	记账
计提税金及附加	营业税金及附加			32 000		
	应交税费	应交城市维护建设税			22 400	
	应交税费	应交教育费附加			9 600	
附件：　张						
合计				32 000	32 000	

会计主管：×××　记账：×××　复核：×××　出纳：×××　制单：×××

【例7－3】2012年7月3日，苏州江秀房地产开发有限公司交纳6月份税款并通过建设银行成功划款，同时当日拿到营业税为320 000元、城市维护建设税为22 400元、教育费附加9 600元的税票3张。

账务处理如下：

记账凭证

2013年7月3日　　第　号

摘要	总账科目	明细科目	三级明细	借方	贷方	记账
交纳税款	应交税费	应交营业税		32 0000		
	应交税费	应交城市维护建设税		22 400		
	应交税费	应交教育费附加		9 600		
	银行存款	建行城中支行			352 000	
附件：　张						
合计				352 000	352 000	

会计主管：×××　记账：×××　复核：×××　出纳：×××　制单：×××

【例7－4】2013年6月，苏州江秀房地产开发有限公司计提本季度应交企业所得税85 000元。

账务处理如下：

记账凭证

2013 年 6 月 30 日　　　　第　号

摘要	总账科目	明细科目	三级明细	借方	贷方	记账
计提所得税	所得税费用			85 000		
	应交税费	应交企业所得税			85 000	
附件：　张						
合计				85 000	85 000	

会计主管：××× 记账：××× 复核：××× 出纳：××× 制单：×××

【例 7－5】2013 年 7 月 5 日，苏州江秀房地产开发有限公司缴纳第二季度应交企业所得税 85 000 元，通过建设银行转账划款，并于当日拿到银行扣款单据。

账务处理如下：

记账凭证

2013 年 7 月 5 日　　　　第　号

摘要	总账科目	明细科目	三级明细	借方	贷方	记账
交所得税	应交税费	应交企业所得税		85 000		
	银行存款	建行城中支行			85 000	
附件：　张						
合计				85 000	85 000	

会计主管：××× 记账：××× 复核：××× 出纳：××× 制单：×××

【例 7－6】2013 年 6 月，苏州江秀房地产开发有限公司销售新建房屋，按规定计算应交纳的土地增值税为 500 000 元。

账务处理如下：

记账凭证

2013年6月30日　　　　第　号

摘要	总账科目	明细科目	三级明细	借方	贷方	记账
计提土地增值税	营业税金及附加			500 000		
	应交税费	应交土地增值税			500 000	
附件：　张						
合计				500 000	500 000	

会计主管：×××　记账：×××　复核：×××　出纳：×××　制单：×××

【例7-7】2013年7月6日，苏州江秀房地产开发有限公司缴纳土地增值税500 000元，通过建设银行成功划款并于当日取得相关扣款单据。

账务处理如下：

记账凭证

2013年7月6日　　　　第　号

摘要	总账科目	明细科目	三级明细	借方	贷方	记账
交纳土地增值税	应交税费	应交土地增值税		500 000		
	银行存款	建行城中支行			500 000	
附件：　张						
合计				500 000	500 000	

会计主管：×××　记账：×××　复核：×××　出纳：×××　制单：×××

【例7-8】2013年6月，苏州江秀房地产开发有限公司按规定应交纳房产税135 000元，城镇土地使用税17 500元。

账务处理如下：

记账凭证

2013 年 6 月 30 日　　第　号

摘要	总账科目	明细科目	三级明细	借方	贷方	记账
计提房产税和城镇土地使用税	管理费用	税金		152 500		
	应交税费	应交房产税			135 000	
	应交税费	应交城镇土地使用税			17 500	
附件：　张						
合计				152 500	152 500	

会计主管：××× 记账：××× 复核：××× 出纳：××× 制单：×××

【例7－9】2013 年 7 月 6 日，苏州江秀房地产开发有限公司交纳房产税 135 000 元，城镇土地使用税 17 500 元，通过建设银行成功划款并于当日取得相关扣款单据。

账务处理如下：

记账凭证

2013 年 7 月 6 日　　第　号

摘要	总账科目	明细科目	三级明细	借方	贷方	记账
交纳房产税和土地使用税	应交税费	应交房产税		135 000		
	应交税费	应交城镇土地使用税		17 500		
	银行存款	建行城中支行			152 500	
附件：　张						
合计				152 500	152 500	

会计主管：××× 记账：××× 复核：××× 出纳：××× 制单：×××

【例7－10】2013 年 7 月，苏州江秀房地产开发有限公司购入一辆小汽车供管理部门使用，于 7 月 10 号缴纳车辆机动车保险费 16 087 元，保险发票中列明由保险公司代收车船税 550 元，以上款项都用现金全部支付给保险公司。

账务处理如下：

记账凭证

2013 年 7 月 10 日　　　　第　号

摘要	总账科目	明细科目	三级明细	借方	贷方	记账
交保险费	管理费用	车辆保险费		16 087		
交车船税	管理费用	车船税		550		
	库存现金				16 637	
附件：　张						
合计				16 637	16 637	

会计主管：××× 记账：××× 复核：××× 出纳：××× 制单：×××

【例7-11】2013 年 7 月 6 日，苏州江秀房地产开发有限公司代扣代缴个人所得税 5 040 元，通过建设银行成功划款并于当日取得相关扣款单据。

账务处理如下：

记账凭证

2013 年 7 月 6 日　　　　第　号

摘要	总账科目	明细科目	三级明细	借方	贷方	记账
交个人所得税	应交税费	应交个人所得税		5 040		
	银行存款	建行城中支行			5 040	
附件：　张						
合计				5 040	5 040	

会计主管：××× 记账：××× 复核：××× 出纳：××× 制单：×××

【例7-12】2013 年 7 月 10 日，苏州江秀房地产开发有限公司发放管理部门人员 6 月份工资 47 816 元，其中代扣个人所得税 1 617.80 元，代缴社会保险费 3 190 元，工资 43 008.20 元通过建设银行划款到个人工资卡中。

账务处理如下：

记账凭证

2013 年 7 月 10 日　　　　第　号

摘要	总账科目	明细科目	三级明细	借方	贷方	记账
发放工资扣税	应付职工薪酬	工资		47 816		
	应交税费	应交个人所得税			1617. 8	
	其他应收款	社会保险费			3 190	
	银行存款	建行城中支行			43 008. 2	
附件：　张						
合计				47 816	47 816	

会计主管：××× 记账：××× 复核：××× 出纳：××× 制单：×××

第8章

营业收入的会计核算

房地产开发企业的营业收入包括主营业务收入和其他业务收入。主营业务收入指开发产品的销售收入，其范围为销售开发产品过程中取得的全部价款，包括现金、现金等价物及其他经济利益，企业代有关部门、单位和企业收取的各种基金、费用和附加等则不包括在内。凡纳入开发产品价内或由企业开具发票的，应按规定全部确认为销售收入；未纳入开发产品价内并由企业之外的其他收取部门、单位开具发票的，可作为代收代缴款项进行管理。

房地产开发企业的其他业务收入是指除主营业务收入以外，由其他的营业活动所产生的业务收入。包括商品房售后服务收入、材料销售收入、无形资产转让收入和固定资产出租收入等。

8.1 主营业务收入的核算

8.1.1 收入确认原则与会计处理

《房地产开发经营业务企业所得税处理办法》（国税发［2009］31号）第三条规定，企业房地产开发经营业务包括土地的开发，建造、销售住宅、商业用房以及其他建筑物、附着物、配套设施等开发产品。

除土地开发之外，其他开发产品符合下列条件之一的，应视为已经完工：

◆开发产品竣工证明材料已报房地产管理部门备案。

◆开发产品已开始投入使用。

◆开发产品已取得了初始产权证明。

一般情况下，只有开发产品完工后才可以竣工验收办理竣工验收手续。《房屋建筑工程和市政基础设施工程竣工验收备案管理暂行办法》（中华人民共和国建设部令第78号）第三条规定，国务院建设行政主管部门负责全国房屋建筑工程和市政基础设施工程的竣工验收备案管理工作，县级以上地方人民政府建设行政主管部门负责本行政区域内工程的竣工验收备案管理工作。第四条规定，建设单位应当自工程竣工验收合格之日起15日内，依照本办法规定，向工程所在地的县级以上地方人民政府建设行政主管部门（以下简称备案机关）备案。

在上述规定下，产品完工且收取了全额款项后则应在会计核算上确认收入，未确认收入前按照预收账款月末计算营业税金及附加，季度末计算企业所得税。

实际工作中，因为发票什么时间开具并没有相关文件规定，所以一般为缴清款项办理产权转移手续前开具发票。那么实际收款时只开具相应金额的收据，开具发票时备注已经开具收据的号码和金额。因此，确认收入也不以是否开具发票为依据，所以账务处理时一般以是否全额收款为依据。

8.1.2 一次性收款的会计核算

1. 一次性收款的核算规范

一般情况下，一次性付款方式要求买受人在付清定金（或订金）后一定期限内补足所有剩余房款或者一次性交付全部购房款。

房地产企业收到定金外的剩余款项时，一般借记“银行存款”“预收账款”等科目，贷记“主营业务收入”科目。若企业给予买受人一定的价格折扣，则应将该部分金额计入“财务费用”科目。

从2010年起，国家为了加大房地产的调控力度，规定只有在取得预售证后，才允许排号、预售登记、出售VIP卡、收取定金等。预售商品房时买受人交纳的定金，可以通过“其他应付款”或“预收账款”账户核算，但是不论财务上如何核算，房地产开发企业收取定金都应缴纳营业税金及附加。很多房地产企业为了便于核算统计营业税金及附加，将上述款项均通过“预收账款”核算，而不通过“其他应付款”科目核算。

但是诚意金及订金，由于尚未签订购房合同，不属于定金性质，不计算缴纳营业税金及附加，所以企业通过“其他应付款”科目核算。

2. 一次性收款的核算示范

【例8-1】2013年8月25日，苏州江秀房地产开发有限公司对外销售一套A商品房，合同规定房屋总价款为100万元，当日收到买受人李东强5万元定金，苏州江秀房地产开发有限公司为其开具收据。苏州江秀房地产开发有限公司规定，若购买方能够在支付定金之日起10日之内补足所有房款，公司将给予购房人2%的价格折扣。9月2日，买受人李东强支付全部剩余款项，公司将所收款项交存银行并开具面值为93万元的收据。

账务处理如下：

（1）收取定金时：

记账凭证

2013年8月25日　　　　第　号

摘要	总账科目	明细科目	借方	贷方	记账
收到定金	银行存款	建行城中支行	50 000		
	预收账款	购房定金（李东强）		50 000	
附件：　张					
合计			50 000	50 000	

会计主管：×××　记账：×××　复核：×××　出纳：×××　制单：×××

备注：2013年8月末，需要将预收款项作为营业税的计税依据计算税金，并于9月1～15日内缴纳营业税。

假定本例中收取的是订金，则通过“其他应付款”账户核算，无须计算税金。

账务处理如下：

记账凭证

2013 年 8 月 25 日　　　　第　号

摘要	总账科目	明细科目	借方	贷方	记账
收到订金	银行存款	建行城中支行	50 000		
	其他应付款	购房订金（李东强）		50 000	
附件：　张					
合计			50 000	50 000	

会计主管：×××　记账：×××　复核：×××　出纳：×××　制单：×××

（2）收取余款时：

记账凭证

2013 年 9 月 2 日　　　　第　号

摘要	总账科目	明细科目	借方	贷方	记账
收到剩余购房款	银行存款	建行城中支行	930 000		
	预收账款	购房款（李东强）		930 000	
附件：　张					
合计			930 000	930 000	

会计主管：×××　记账：×××　复核：×××　出纳：×××　制单：×××

（3）确认收入时：

记账凭证

2013年9月2日　　第　号

摘要	总账科目	明细科目	借方	贷方	记账
确认收入	预收账款	购房款（李东强）	930 000		
	预收账款	购房定金（李东强）	50 000		
	财务费用		20 000		
	主营业务收入	多层住宅2单元502室		1 000 000	
附件：　　张					
合计			1 000 000	1 000 000	

会计主管：×××　记账：×××　复核：×××　出纳：×××　制单：×××

【例8-2】2013年8月25日，苏州江秀房地产开发有限公司对外销售一套A商品房，合同规定房屋总价款为92万元，当日收到买受人宋佳佳通过银行转账支付的全部款项，公司将所收款项开具面值为92万元的收据。

账务处理如下：

（1）收取余款时：

记账凭证

2013年8月25日　　第　号

摘要	总账科目	明细科目	借方	贷方	记账
收到剩余购房款	银行存款	建行城中支行	920 000		
	预收账款	购房款（宋佳佳）		920 000	
附件：　　张					
合计			920 000	920 000	

会计主管：×××　记账：×××　复核：×××　出纳：×××　制单：×××

（2）确认收入时：

记账凭证

2013 年 8 月 25 日　　　　　　　　　　第　号

摘要	总账科目	明细科目	借方	贷方	记账
确认收入	预收账款	购房款（宋佳佳）	920 000		
	主营业务收入	多层住宅 1 单元 103 室		920 000	
附件：　　张					
合计			920 000	920 000	

会计主管：×××　记账：×××　复核：×××　出纳：×××　制单：×××

8.1.3 预售房款的会计核算

1. 预售房款的核算规范

房地产开发企业按照合同或协议规定向买受单位或个人预收的预售房款，在企业收到预交购房款时，包括买受人按揭贷款的到账金额，应借记“库存现金”或“银行存款”账户，贷记“预收账款”账户。

房地产开发企业收取的计入“预收账款”的预售房房款，同样应当按税法规定计算并交纳营业税及其附加。

2. 预售房款的核算示范

【例 8－3】 2013 年 5 月 3 日，买受人董晓静在苏州江秀房地产开发有限公司“五一预售”活动时，依据图纸购买了该公司预售的面积为 80 平方米的商品房一套，按照合同规定预先支付合同金额的 30%，单价为每平米 10 000 元，并于当日支付购房款 24 万元。公司会计部门为客户开出收款收据。

账务处理如下：

部门为其开具面值为30万元的收据，并与买受人签订正式房屋销售合同。买受人随后办理了按揭贷款。11月15日，该套商品房按揭款到账，贷款银行从按揭款中直接收取10%的按揭保证金。

账务处理如下：

（1）收到首付款时：

记账凭证

2013年10月15日　　第　号

摘要	总账科目	明细科目	借方	贷方	记账
收到购房首付款	银行存款	建行城中支行	300 000		
	预收账款	按揭房款（王建军）		300 000	
附件：　张					
合计			300 000	300 000	

会计主管：×××　记账：×××　复核：×××　出纳：×××　制单：×××

（2）收到按揭款时：

记账凭证

2013年11月15日　　第　号

摘要	总账科目	明细科目	借方	贷方	记账
收到购房按揭款	银行存款	建行城中支行	450 000		
	其他货币资金	按揭保证金户	50 000		
	预收账款	按揭房款（王建军）		500 000	
附件：　张					
合计			500 000	500 000	

会计主管：×××　记账：×××　复核：×××　出纳：×××　制单：×××

（3）确认收入时：

记账凭证

2013年11月15日　　第　号

摘要	总账科目	明细科目	借方	贷方	记账
确认收入	预收账款	按揭房款（王建军）	800 000		
	主营业务收入	多层住宅2单元201室		800 000	
附件：　张					
合计				800 000	800 000

会计主管：×××　记账：×××　复核：×××　出纳：×××　制单：×××

8.1.5 分次收取房款的会计核算

1. 分次收取房款的核算规范

略。

2. 分次收取房款的核算示范

1）交房前分次收款。

【例8-6】2013年8月25日，苏州江秀房地产开发有限公司销售给张家港钱江贸易有限公司一套商品房，合同规定房屋总价款为90万元，合同签订日交付房款的30%，9月25日交付房款的30%，10月25日交付剩余房款，并交付房屋确认收入。公司分别将所收房款开具收据。

账务处理如下：

（1）8月25日收取房款时：

记账凭证

2013 年 8 月 25 日　　　　第　号

摘要	总账科目	明细科目	借方	贷方	记账
收到房款	银行存款	建行城中支行	270 000		
	预收账款	购房款（张家港钱江贸易公司）		270 000	
附件：　张					
合计			270 000	270 000	

会计主管：××× 　记账：××× 　复核：××× 　出纳：××× 　制单：×××

（2）9 月 25 日收取房款时：

记账凭证

2013 年 9 月 25 日　　　　第　号

摘要	总账科目	明细科目	借方	贷方	记账
收到房款	银行存款	建行城中支行	270 000		
	预收账款	购房款（张家港钱江贸易公司）		270 000	
附件：　张					
合计			270 000	270 000	

会计主管：××× 　记账：××× 　复核：××× 　出纳：××× 　制单：×××

（3）10 月 25 日收取房款时：

记账凭证

2013 年 10 月 25 日　　　　第　号

摘要	总账科目	明细科目	借方	贷方	记账
收到房款	银行存款	建行城中支行	360 000		
	预收账款	购房款（张家港钱江贸易公司）		360 000	
附件：　张					
合计			360 000	360 000	

会计主管：×××　记账：×××　复核：×××　出纳：×××　制单：×××

（4）10 月 25 日确认收入时：

记账凭证

2013 年 10 月 25 日　　　　第　号

摘要	总账科目	明细科目	借方	贷方	记账
确认收入	预收账款	购房款（张家港钱江贸易公司）	900 000		
	主营业务收入	多层住宅 1 单元 603 室		900 000	
附件：　张					
合计			900 000	900 000	

会计主管：×××　记账：×××　复核：×××　出纳：×××　制单：×××

2）交房后分次收款。

【例 8 –7】2013 年 8 月 25 日，苏州江秀房地产开发有限公司销售给张家港钱江贸易有限公司一套商品房，合同规定房屋总价款为 90 万元，合同签订日交付房屋确认收入，并于当日交付房款的30%，9月25日交付房款的30%，10月25日交付剩余房款。公司分别将所收房款开具收据。

账务处理如下：

（1）8月25日确认收入时：

记账凭证

2013年10月25日　　第　号

摘要	总账科目	明细科目	借方	贷方	记账
确认收入	应收账款	购房款（张家港钱江贸易公司）	900 000		
	主营业务收入	多层住宅1单元603室		900 000	
附件：　张					
合计			900 000	900 000	

会计主管：××× 记账：××× 复核：××× 出纳：××× 制单：×××

（2）8月25日收取房款时：

记账凭证

2013年8月25日　　第　号

摘要	总账科目	明细科目	借方	贷方	记账
收到房款	银行存款	建行城中支行	270 000		
	应收账款	购房款（张家港钱江贸易公司）		270 000	
附件：　张					
合计			270 000	270 000	

会计主管：××× 记账：××× 复核：××× 出纳：××× 制单：×××

（3）9 月 25 日收取房款时：

记账凭证

2013 年 9 月 25 日　　　　第　号

摘要	总账科目	明细科目	借方	贷方	记账
收到房款	银行存款	建行城中支行	270 000		
	应收账款	购房款（张家港钱江贸易公司）		270 000	
附件：　张					
合计			270 000	270 000	

会计主管：××× 记账：××× 复核：××× 出纳：××× 制单：×××

（4）10 月 25 日收取房款时：

记账凭证

2013 年 10 月 25 日　　　　第　号

摘要	总账科目	明细科目	借方	贷方	记账
收到房款	银行存款	建行城中支行	360 000		
	应收账款	购房款（张家港钱江贸易公司）		360 000	
附件：　张					
合计			360 000	360 000	

会计主管：××× 记账：××× 复核：××× 出纳：××× 制单：×××

8.1.6 委托销售的会计核算

1. 委托销售的核算规范

采取支付手续费方式委托销售开发产品的，应按销售合同或协议中约定的价款于收到受托方已销开发产品清单之日确认收入的实现。

这种委托形式，受托方相当于房地产企业自己的销售人员，支付的委托手续费计入房地产公司的销售费用。在收入与成本的确认和结转上与房地产公司自己销售没有区别。购房者直接将购房款项支付给房地产公司，在房地产公司收到受托企业代销清单时，将代销清单与公司实际收款情况进行核对，同时确认销售费用。

1）实际成交价为依据支付手续费形式委托销售。

房地产公司事先与受托企业确定房屋最低销售单价，在此基础上以受托企业实际销售取得的价款为依据乘以一定的手续费比例作为手续费。

2）固定成交价为依据另加浮动价比率支付手续费形式委托销售。

房地产公司事先与受托企业确定房屋最低销售单价，同时将最低价确定为固定成交价，并以此为依据乘以一定的手续费比例作为基本手续费。然后如果实际销售超出最低价，再以超出部分为依据乘以一定的手续费比例作为浮动手续费。

3）固定金额手续费形式委托销售。

房地产公司事先与受托企业确定房屋最低销售单价，同时将整个项目委托给受托企业销售，并约定整个项目委托的手续费金额。如果到期不能实现全部销售，剩余未实现销售部分将对受托企业给与一定的经济惩罚，例如，少支付手续费，甚至不支付收费，还要由受托企业支付一定的违约款。

4）形式买断委托销售。

受托企业以与房地产公司确定的房屋销售单价形式上全部购买整个项目的房屋。之所以称之为形式上，是因为双方并不办理房屋过户手续，购房者仍然直接将购房款项支付给房地产公司。委托到期后，房地产公司收到的全部房款与受托销售房款的差额即为手续费。

假定手续费计算为负数，则表明到期房屋并未售罄。此时由受托企业以原委托单价实质性购买剩余房屋，或者受托企业以支付一定违约金的形式将剩余房屋退还房地产公司。

上述四种具体形式在会计处理上完全相同，只是手续费的计算方法存在差异。

5）实质买断委托销售。

受托企业以与房地产公司确定的房屋销售单价实质上全部购买整个项目的房屋，双方办理房屋过户手续，再由受托企业对外销售。受托企业对外销售给购房者其结果成为了二手房交易。根据目前我国的税费情况，在实际工作中这种方法极为少见。

2. 委托销售的核算示范

1）实际成交价为依据支付手续费形式委托销售。

【例8－8】 2013年8月1日，苏州江秀房地产开发有限公司委托上海置业管家销售公司销售其开发的商品房，委托项目为2号楼共两个单元20套房屋。月末，苏州江秀房地产开发有限公司收到上海置业管家销售公司开具的代销清单，实际成交价均为高于委托双方确定的最低销售单价。

双方约定，销售收款后上海置业管家销售公司按销售价款的2% 收取手续费。

2号楼销售清单

2013年8月31日　　　　单位：万元

房屋	购买人（略）	委托双方最低价	合同总额	实际回款
1单元1101室		90	93	8
1单元1102室		120	124	50
1单元1201室		91	95	95
1单元1202室		122	126	20
1单元1301室		92		
1单元1302室		123		
1单元1401室		92	94	30
1单元1402室		123		
1单元1501室		90	95	30
1单元1502室		120	127	
2单元2101室		90		
2单元2102室		120		
2单元2201室		91		
2单元2202室		122	126	126
2单元2301室		92	95	95
2单元2302室		123	126	126
2单元2401室		92		
2单元2402室		123		
2单元2501室		90		
2单元2502室		120		
合计		2126	1101	580

账务处理如下：

（1）房款的会计核算。

收取各购房者房款和确认收入的会计核算可以参照【例 8－1】至【例 8－7】，在此不再逐一示范。

（2）手续费的会计核算。

手续费 =5 800 000 ×2% =116 000（元）

记账凭证

2013 年 8 月 31 日　　　　第　号

摘要	总账科目	明细科目	借方	贷方	记账
支付手续费	销售费用		116 000		
	银行存款	建行城中支行		116 000	
附件：　张					
合计				116 000	116 000

会计主管：×××　记账：×××　复核：×××　出纳：×××　制单：×××

2）固定成交价为依据另加浮动价比率支付手续费形式委托销售。

【例 8－9】承上例，2013 年 8 月 1 日，苏州江秀房地产开发有限公司委托上海置业管家销售公司销售其开发的商品房，委托项目为 2 号楼共两个单元 20 套房屋。月末，苏州江秀房地产开发有限公司收到上海置业管家销售公司开具的代销清单。实际成交价均为高于委托双方确定的最低销售单价。

双方约定，销售每套房屋全部收款后结算手续费。上海置业管家销售公司按照最低价收取手续费 1%，按实际销售价款超出最低价部分的 5% 收取手续费。

截至 2013 年 8 月 31 日，全额收款 4 套房屋。最低价计算的应收款合计 428 万元，实际成交价计算的应收款合计 442 万元，超出最低价收款 14 万元。

2号楼销售清单

2013年8月31日　　单位：万元

房屋	购买人（略）	委托双方最低价	合同总额	实际回款	全额收款超出额
1单元1101室		90	93	8	
1单元1102室		120	124	50	
1单元1201室		91	95	95	4
1单元1202室		122	126	20	
1单元1301室		92			
1单元1302室		123			
1单元1401室		92	94	30	
1单元1402室		123			
1单元1501室		90	95	30	
1单元1502室		120	127		
2单元2101室		90			
2单元2102室		120			
2单元2201室		91			
2单元2202室		122	126	126	4
2单元2301室		92	95	95	3
2单元2302室		123	126	126	3
2单元2401室		92			
2单元2402室		123			
2单元2501室		90			
2单元2502室		120			
合计		2126	1101	580	14

账务处理如下：

（1）房款的会计核算。

收取各购房者房款和确认收入的会计核算可以参照【例8－1】至【例8－7】，在此不再逐一示范。

（2）手续费的会计核算。

手续费＝4 280 000×1%＋140 000×5%＝49 800（元）

记账凭证

2013 年 8 月 31 日　　　　第　号

摘要	总账科目	明细科目	借方	贷方	记账
支付手续费	销售费用		49 800		
	银行存款	建行城中支行		49 800	
附件：　　张					
合计			49 800	49 800	

会计主管：×××　记账：×××　复核：×××　出纳：×××　制单：×××

8.2 其他业务收入的核算

为了反映房地产企业其他业务收入的实现和结转情况，应设置“其他业务收入”账户，该账户的贷方登记企业本期取得的各项其他业务收入，借方登记期末转入“本年利润”账户的其他业务收入，期末结转后，该账户应无余额。

其他业务收入账户，应按其他业务的不同种类设置明细账户，进行明细核算。

如：其他业务收入——商品房售后服务收入

——设备、房屋出租收入

——物业服务收入

8.2.1 商品房售后服务收入的会计核算

1. 售后服务收入的核算规范

房地产开发企业的商品房售后服务是指企业接受其他单位的委托，对已经售出的商品房进行管理，如房屋及所属设备的维修、电梯看管、卫生清洁、治安管理等劳务性的服务。企业提供的这种售后服务，可向用户收取服务费，从而形成商品房售后服务收入。

2. 售后服务收入的核算示范

【例 8－10】2013 年 8 月 1 日，苏州江秀房地产开发有限公司销售商品房后，在商品房小区设立了管理处，为住户就厨房进行了整体改造。2013 年 8 月，公司向业主收取的服务费用为12万元。

账务处理如下：

记账凭证

2013年8月31日　　第　号

摘要	总账科目	明细科目	借方	贷方	记账
收到厨房改造款	库存现金		120 000		
	其他业务收入	售后服务收入（厨房改造）		120 000	
附件：　张					
合计			120 000	120 000	

会计主管：×××　记账：×××　复核：×××　出纳：×××　制单：×××

【例8-11】2013年8月，苏州江秀房地产开发有限公司销售商品房后，向业主收取物业服务费120元。

账务处理如下：

记账凭证

2013年8月31日　　第　号

摘要	总账科目	明细科目	借方	贷方	记账
收到物业服务费	库存现金		120		
	其他业务收入	售后服务收入（物业费）		120	
附件：　张					
合计			120	120	

会计主管：×××　记账：×××　复核：×××　出纳：×××　制单：×××

8.2.2 资产出租收入的会计核算

1. 资产出租收入的核算规范

房地产开发企业固定资产出租是指企业将不需用的机械设备对外出租，或者将临时房、周转房短期出租（不含出租的房地产，出租房地产应按“投资性房地产”进行处理）。机械设备等固定资产出租是企业将本身所拥有的劳动资料对外出租；或者对临时房、周转房短期出租。这对房地产开发企业来说，属于非主营业务，其取得的租金收入应计入“其他业务收入”账户。

2. 资产出租收入的核算示范

【例8－12】2013年8月1日，苏州江秀房地产开发有限公司将闲置设备出租给某公司，本月租金收入5万元。

账务处理如下：

记账凭证

2013年8月31日　　　　第　号

摘要	总账科目	明细科目	借方	贷方	记账
收到租赁费	银行存款		50 000		
	其他业务收入	资产出租收入（设备）		50 000	
附件：　张					
合计			50 000	50 000	

会计主管：×××　记账：×××　复核：×××　出纳：×××　制单：×××

【例8－13】2013年8月1日，苏州江秀房地产开发有限公司将施工临建房出租给某公司，本月租金收入5 000元。

账务处理如下：

记账凭证

2013 年 8 月 31 日　　　　第　号

摘要	总账科目	明细科目	借方	贷方	记账
收到租赁费	银行存款		5 000		
	其他业务收入	资产出租收入（临建房）		5 000	
附件：　张					
合计			5 000	5 000	

会计主管：×××　记账：×××　复核：×××　出纳：×××　制单：×××

8.3 营业收入结转的核算

8.3.1 营业收入结转的核算规范

房地产开发企业一定要在开发产品已经完工时结转收入。发生销货退回或销售折让时，应冲减“主营业务收入”“其他业务收入”。期末将余额转入“本年利润”账户，借记“主营业务收入”“其他业务收入”科目，贷记“本年利润”科目，结转后账户无余额。

8.3.2 营业收入结转的核算示范

【例 8－14】假定 2013 年 8 月苏州江秀房地产开发有限公司共实现主营业务收入 3000 万元，其他业务收入 500 万元。

账务处理如下：

记账凭证

2013 年 8 月 31 日　　　　　　　　　　　　第　号

摘要	总账科目	明细科目	借方	贷方	记账
结转收入	主营业务收入		30 000 000		
	其他业务收入		5 000 000		
	本年利润			35 000 000	
附件：　张					
合计			35 000 000	35 000 000	

会计主管：×××　记账：×××　复核：×××　出纳：×××　制单：×××

第9章

营业成本的会计核算

房地产开发企业的营业成本包括主营业务成本和其他业务成本。主营业务成本是指开发产品时应结转的经营成本，其范围包括开发产品过程中的一切直接成本，包括原材料、人工成本、固定资产折旧等。企业应于确认商品销售收入时或年度终了，根据已销售的各种商品房等的实际成本，计算应结转的主营业务成本。房地产企业其他业务成本是指企业除主营业务活动以外的其他经营活动所发生的的各项支出，包括销售材料成本、出租无形资产的摊销额等。

9.1 营业成本确认的核算

9.1.1 主营业务成本确认的核算规范

企业对外转让、销售开发产品时，应于月份终了时按开发产品的实际成本，借记“主营业务成本”账户，贷记“开发产品”账户。

9.1.2 主营业务成本确认的核算示范

【例9-1】2013年8月31日，苏州江秀房地产开发有限公司销售多层住宅12套，每套房屋的成本为150万元。房屋成本是依据该栋楼的每平方米平均单价与销售房屋的面积计算得出的，实际工作中可以附相应的成本计算表作为原始单据。

账务处理如下：

记账凭证

2013年8月31日　　　　第　号

摘要	总账科目	明细科目	借方	贷方	记账
结转房屋成本	主营业务成本		18 000 000		
	开发产品	房屋——多层住宅（12套）		18 000 000	
附件：　张					
合计			18 000 000	18 000 000	

会计主管：××× 记账：××× 复核：××× 出纳：××× 制单：×××

9.1.3 其他业务成本确认的核算规范

房地产开发企业发生其他业务成本费用，应在“其他业务成本”账户下设置“物业管理支出”“销售材料支出”“无形资产出租支出”“固定资产出租支出”等二级账户进行明细核算。除主营业务活动以外的其他经营活动发生的相关税费，在“营业税金及附加”科目核算。

9.1.4 其他业务成本确认的核算示范

房地产开发企业提供商品房售后服务过程中，会发生如房屋及所属设备的维修、电梯看管、卫生清洁、治安管理等成本，在确认收入时或月末，应根据实际发生的成本，借记“其他业务成本—售后服务成本”科目，贷记“应付职工薪酬”“劳务成本”“银行存款”等科目。

房地产开发企业将不需用的机械设备对外出租（不含出租的房地产。出租房地产应按“投资性房地产”进行处理）时，会发生成本（如折旧费等），借记“其他业务成本——固定资产出租支出”科目，贷记“累计折旧”等科目。

【例9－2】苏州江秀房地产开发有限公司销售商品房后，为住户就厨房进行了整体改造，就该项服务当月发生成本75 000元。具体支出项目为：施工人员工资5 000元，材料费70 000元。

账务处理如下：

记账凭证

2013年8月31日　　　　第　号

摘要	总账科目	明细科目	借方	贷方	记账
结转厨房装修成本	其他业务成本	售后服务成本（厨房改造）	75 000		
	劳务成本	工资		5 000	
	原材料			70 000	
附件：　张					
合计			75 000	75 000	

会计主管：×××　记账：×××　复核：×××　出纳：×××　制单：×××

【例9－3】苏州江秀房地产开发有限公司物业服务中心当月发生成本63 000元。具体支出项目为：服务人员工资55 000元，物业办公用房折旧6 000元，花木采购费2 000元。

账务处理如下：

记账凭证

2013年8月31日 第 号

摘要	总账科目	明细科目	借方	贷方	记账
结转厨房装修成本	其他业务成本	售后服务成本（厨房改造）	63 000		
	劳务成本	工资		55 000	
	累计折旧			6 000	
	库存现金			2 000	
附件： 张					
合计			63 000	63 000	

会计主管：××× 记账：××× 复核：××× 出纳：××× 制单：×××

9.2 营业成本结转的核算

会计期末将“主营业务成本”“其他业务成本”科目实际发生净额转入“本年利润”账户，结转后账户无余额。

【例9－4】假定2013年8月31日，苏州江秀房地产开发有限公司共发生主营业务成本3500万元，其他业务成本120万元。

账务处理如下：

记账凭证

2013年8月31日 第 号

摘要	总账科目	明细科目	借方	贷方	记账
结转成本	本年利润		35 000 000		
	主营业务成本			35 000 000	
附件： 张					
合计			35 000 000	35 000 000	

会计主管：××× 记账：××× 复核：××× 出纳：××× 制单：×××

记账凭证

2013 年 8 月 31 日 第 号

摘要	总账科目	明细科目	借方	贷方	记账
结转成本	本年利润		1 200 000		
	其他业务成本			1 200 000	
附件： 张					
合计			1 200 000	1 200 000	

会计主管：××× 记账：××× 复核：××× 出纳：××× 制单：×××

第10章

期间费用的会计核算

企业的费用按经济用途分为计入产品成本的费用和不计入产品成本的费用。计入产品成本的费用主要指与开发产品有关的直接费用和间接费用。不计入产品成本的费用即期间费用，期间费用是指企业本期发生的、不能直接或间接归入营业成本，而是直接计入当期损益的销售费用、管理费用、财务费用。

与产品成本相比，期间费用有如下几个特点：

◆与产品生产的关系不同。期间费用的发生是为产品生产提供正常的条件和进行管理的需要，而与产品本身并不直接相关；生产成本是指与产品生产直接相关的成本，它们应直接计入或分配计入有关的产品中。

◆与会计期间的关系不同。期间费用只与费用发生的当期有关，不影响或不分摊到其他会计期间；生产成本中当期完工部分当期转为产品成本，未完工部分则结转下一期继续加工，与前后会计期间都有联系。

◆与会计报表的关系不同。期间费用直接列入当期损益表，扣除当期损益；生产成本完工部分转为产成品，已销售产成品的生产成本再转入损益表列作主营业务成本，而未售产品和未完工的产品都应作为存货列入资产负债表。

◆期间费用各科目按照费用明细进行明细核算。月末，可将各科目的余额转入“本年利润”科目，结转后各科目应无余额。

◆房地产企业的期间费用核算，一个重要的工作就是准确划分和界定开发间接费与期间费用。这两项内容发生形式相似，容易混淆。但其性质却是不同的，开发间接费属于开发成本的要素，是存货的核算项目，而期间费用是损益的核算项目。

10.1 销售费用的核算

10.1.1 销售费用的核算内容

销售费用是指企业在商品销售或提供劳务过程中发生的应由本企业负担的费用。

销售费用包括：企业在销售商品过程中发生的包装费、保险费、展览费和广告费、商品维修费、预计产品质量保证损失、运输费、装卸费等费用，以及企业发生的为销售本企业商品而专设的销售机构的职工薪酬、业务费、折旧费、固定资产修理费等费用。

业务类型	会计分录
归集销售费用时	借：销售费用 贷：相关科目
结转损益时	借：本年利润 贷：销售费用

10.1.2 销售费用的核算示范

【例 10－1】苏州江秀房地产开发有限公司于 2013 年 11 月 15 日以银行存款支付南京雨花广告公司本月广告费 15 000 元。

账务处理如下：

记账凭证

2013 年 11 月 15 日　　第　号

摘要	总账科目	明细科目	三级明细	借方	贷方	记账
支付广告费	销售费用	广告宣传费		15 000		
	银行存款	建行城中支行			15 000	
附件：　张						
合计				15 000	15 000	

会计主管：×××　记账：×××　复核：×××　出纳：×××　制单：×××

【例 10 -2】2013 年 11 月，苏州江秀房地产开发有限公司销售部门人员工资为 42 400 元，销售部门专用办公设备折旧费为 2 000 元。

账务处理如下：

记账凭证

2013 年 11 月 20 日　　　　第　号

摘要	总账科目	明细科目	三级明细	借方	贷方	记账
计提 11 月份工资	销售费用	工资		42 400		
	应付职工薪酬	工资	销售部		42 400	
附件：　张						
合计				42 400	42 400	

会计主管：××× 记账：××× 复核：××× 出纳：××× 制单：×××

记账凭证

2013 年 11 月 20 日　　　　第　号

摘要	总账科目	明细科目	三级明细	借方	贷方	记账
计提 11 月份折旧	销售费用	折旧费		2 000		
	累计折旧				2 000	
附件：　张						
合计				2 000	2 000	

会计主管：××× 记账：××× 复核：××× 出纳：××× 制单：×××

【例 10 -3】月末，苏州江秀房地产开发有限公司结转销售费用。

账务处理如下：

记账凭证

2013 年 11 月 30 日　　　　第　号

摘要	总账科目	明细科目	三级明细	借方	贷方	记账
结转销售费用	本年利润			59 400		
	销售费用	广告宣传费			15 000	
	销售费用	工资			42 400	
	销售费用	折旧费			2 000	
附件：　张						
合计				59 400	59 400	

会计主管：×××　记账：×××　复核：×××　出纳：×××　制单：×××

10.2 管理费用的核算

10.2.1 管理费用的核算内容

管理费用是指企业行政管理部门为组织和管理企业的生产经营活动而发生的各项费用。

管理费用包括：企业在筹建期间发生的开办费、董事会和行政管理部门在企业的经营管理中发生的或者应由企业统一负担的公司经费（包括行政管理部门职工薪酬、物料消耗、低值易耗品摊销、办公费和差旅费等）、工会经费、董事会费（包括董事会成员津贴、会议费和差旅费等）、聘请中介机构费、咨询费、诉讼费、业务招待费、房产税、车船使用税、土地使用税、印花税、技术转让费、研究费用、排污费以及企业生产车间和行政管理部门发生的固定资产修理费等。

业务类型	会计分录
归集管理费用时	借：管理费用 　贷：相关科目
结转损益时	借：本年利润 　贷：管理费用

10.2.2 管理费用的核算示范

【例 10－4】2013 年 12 月 10 日，苏州江秀房地产开发有限公司购买办公用品支付现金 800 元。

账务处理如下：

记账凭证

2013 年 12 月 10 日　　　　第　号

摘要	总账科目	明细科目	三级明细	借方	贷方	记账
买办公用品	管理费用	办公费		800		
	库存现金				800	
附件：　　张						
合计				800		800

会计主管：×××　记账：×××　复核：×××　出纳：×××　制单：×××

【例 10－5】2013 年 12 月，苏州江秀房地产开发有限公司管理部门出差上海学习，报销行政人员差旅费 6 000 元，以银行存款支付。

账务处理如下：

记账凭证

2013 年 12 月 24 日　　　　第　号

摘要	总账科目	明细科目	三级明细	借方	贷方	记账
报销差旅费	管理费用	差旅费		6 000		
	银行存款	建行城中支行			6 000	
附件：　　张						
合计				6 000	6 000	

会计主管：×××　记账：×××　复核：×××　出纳：×××　制单：×××

【例 10－6】月末，苏州江秀房地产开发有限公司结转管理费用。

账务处理如下：

记账凭证

2013 年 12 月 31 日　　第　号

摘要	总账科目	明细科目	三级明细	借方	贷方	记账
结转管理费用	本年利润			6 800		
	管理费用	办公用品			800	
	管理费用	差旅费			6 000	
附件：　张						
合计				6 800	6 800	

会计主管：×××　记账：×××　复核：×××　出纳：×××　制单：×××

10.3　财务费用的核算

10.3.1　财务费用的核算内容

财务费用是指企业在生产经营过程中为筹措资金而发生的各项费用。包括：利息费用（减利息收入）、汇兑损失、银行相关手续费、小企业给予的现金折扣（减享受的现金折扣）等费用。

业务类型	会计分录
归集财务费用时	借：财务费用 　贷：相关科目
结转损益时	借：本年利润 　贷：财务费用

10.3.2　财务费用的核算示范

【例 10－7】2013 年 12 月，苏州江秀房地产开发有限公司收到中国建设银行存款利息 3 000 元。

账务处理如下：

记账凭证

2013 年 12 月 30 日 第 号

摘要	总账科目	明细科目	三级明细	借方	贷方	记账
收到利息	银行存款	建行城中支行		3 000		
	财务费用	利息收入			3 000	
附件： 张						
合计				3 000	3 000	

会计主管：××× 记账：××× 复核：××× 出纳：××× 制单：×××

【例 10－8】2013 年 12 月 1 日，苏州江秀房地产开发有限公司向银行借入短期借款 1 200 000 元，期限为 6 个月，年利率为 5%。该借款本金到期后一次归还，利息分月预提，按季支付。

12 月末，预提当月应计利息：

1 200 000 × 5% ÷ 12 =5 000（元）

账务处理如下：

记账凭证

2013 年 12 月 31 日 第 号

摘要	总账科目	明细科目	三级明细	借方	贷方	记账
计提利息	财务费用	利息支出		5 000		
	应付利息				5 000	
附件： 张						
合计				5 000	5 000	

会计主管：××× 记账：××× 复核：××× 出纳：××× 制单：×××

【例 10－9】月末，苏州江秀房地产开发有限公司结转财务费用。

账务处理如下：

记账凭证

2013年12月31日　　第　号

摘要	总账科目	明细科目	三级明细	借方	贷方	记账
结转财务费用	本年利润			2 000		
	财务费用	利息收入		3 000		
		利息支出			5 000	
附件：　张						
合计				5 000	5 000	

会计主管：×××　记账：×××　复核：×××　出纳：×××　制单：×××

第11章

营业外收支业务的会计核算

营业外收支是指与企业的业务经营无直接关系的收益和支出，又称营业外损益，是企业财务成果的组成部分。

营业外收支主要是指营业外收入与营业外支出。营业外收支的主要特点如下：

◆营业外收支一般彼此相互独立，不具有因果关系。

◆营业外收支通常意外出现，企业难以控制。

◆营业外收支通常偶然发生，不重复出现，企业难以预见。

11.1 营业外收入的核算

11.1.1 营业外收入的核算内容

营业外收入属于损益类会计科目，核算与企业生产经营活动没有直接关系的各种收入。本科目应按照营业外收入项目进行明细核算。借记减少贷记增加，月末，可将本科目余额转入“本年利润”科目，结转后本科目应无余额。

营业外收入主要包括：非流动资产处置净收益、政府补助、捐赠收益、盘盈收益、汇兑收益、出租包装物和商品的租金收入、逾期未退包装物押金收益、确实无法偿付的应付款项、已作坏账损失处理后又收回的应收款项、违约金收益等。

11.1.2 营业外收入的核算示范

【例 11－1】2013 年 12 月 24 日，由于供货方违约，苏州江秀房地产开发有限公司按合同约定收到张家港港都工程有限公司支付的违约金 30 000 元。

账务处理如下：

记账凭证

2013 年 12 月 24 日　　　　第　号

摘要	总账科目	明细科目	三级明细	借方	贷方	记账
收到违约金	银行存款	建行城中支行		30 000		
	营业外收入				30 000	
附件：　张						
合计				30 000	30 000	

会计主管：×××　记账：×××　复核：×××　出纳：×××　制单：×××

【例 11－2】2013 年 12 月 31 日，苏州江秀房地产开发有限公司在进行现金查账时，发现库存现金较账面余额多出 580 元。经查，其中 300 元为应付给财务部钱虎的报销款，其余 280 元无法查明原因。

账务处理如下：

记账凭证

2013 年 12 月 31 日　　第　号

摘要	总账科目	明细科目	三级明细	借方	贷方	记账
现金盘点	库存现金			580		
	待处理财产损溢				580	
附件：　张						
合计				580	580	

会计主管：××× 记账：××× 复核：××× 出纳：××× 制单：×××

记账凭证

2013 年 12 月 31 日　　第　号

摘要	总账科目	明细科目	三级明细	借方	贷方	记账
现金盘盈处理	待处理财产损溢			580		
	其他应付款	钱虎			300	
	营业外收入				280	
附件：　张						
合计				580	580	

会计主管：××× 记账：××× 复核：××× 出纳：××× 制单：×××

【例 11 -3】月末，苏州江秀房地产开发有限公司结转营业外收入。

账务处理如下：

记账凭证

2013 年 12 月 31 日　　第　号

摘要	总账科目	明细科目	三级明细	借方	贷方	记账
结转营业外收入	营业外收入			30 280		
	本年利润				30 280	
附件：　张						
合计				30 280	30 280	

会计主管：××× 记账：××× 复核：××× 出纳：××× 制单：×××

11.2 营业外支出的核算

11.1.1 营业外支出的核算内容

营业外支出属于损益类会计科目，核算企业发生的各项营业外支出。“营业外支出”科目应按照支出项目进行明细核算，借记增加贷记减少，月末，可将本科目余额转入“本年利润”科目，结转后本科目应无余额。

营业外支出是指不属于企业生产经营费用，与企业生产经营没有直接关系的各种支出。如存货的盘亏、毁损、报废损失，非流动资产处置净损失，坏账损失，无法收回的长期债券投资损失，无法收回的长期股权投资损失，自然灾害等不可抗力因素造成的损失，税收滞纳金，罚金，罚款，被没收财物的损失，捐赠支出，赞助支出等。

11.1.2 营业外支出的核算示范

【例 11－4】2013 年 1 月 25 日，苏州江秀房地产开发有限公司向张家港希望小学捐款 30 000 元，款项用银行存款支付。

账务处理如下：

记账凭证

2013 年 1 月 25 日　　　　第　号

摘要	总账科目	明细科目	三级明细	借方	贷方	记账
捐款	营业外支出	捐赠支出		30 000		
	银行存款	建行城中支行			30 000	
附件：　张						
合计				30 000	30 000	

会计主管：×××　记账：×××　复核：×××　出纳：×××　制单：×××

【例 11－5】苏州江秀房地产开发有限公司因项目施工扰民被当地环卫部门罚款，房地产开发商和施工企业各罚款 10 000 元。

账务处理如下：

记账凭证

2013 年 1 月 23 日　　　　第　号

摘要	总账科目	明细科目	三级明细	借方	贷方	记账
环卫罚款	营业外支出	罚款支出		10 000		
	银行存款				10 000	
附件：　张						
合计				10 000	10 000	

会计主管：××× 记账：××× 复核：××× 出纳：××× 制单：×××

【例 11－6】月末，苏州江秀房地产开发有限公司结转营业外支出。

账务处理如下：

记账凭证

2013 年 1 月 31 日　　　　第　号

摘要	总账科目	明细科目	三级明细	借方	贷方	记账
结转营业外支出	本年利润			40 000		
	营业外支出	捐赠支出			30 000	
	营业外支出	罚款支出			10 000	
附件：　张						
合计				40 000	40 000	

会计主管：××× 记账：××× 复核：××× 出纳：××× 制单：×××

第12章

所有者权益业务的会计核算

所有者权益是指企业资产扣除负债后由所有者享有的剩余权益。公司的所有者权益又称为股东权益。所有者权益的来源包括所有者投入的资本、直接计入所有者权益的利得和损失、留存收益等。

企业的权益包括所有者权益和债权人权益两部分，二者都是资产的来源，都对资产具有要求权。所有者权益与债权人权益相比，有其显著的特点：

◆企业所有者只对净资产部分具有所有权。

◆企业所有者有参与企业经营管理的权利。

◆企业所有者以股利或利润的形式参与企业的利润分配，且分配的多少、分配与否与企业的业绩紧密联系。

◆企业所有者不能在某一确定的日期收回其投入的资本。只有在企业清算等情况下，企业的资产支付了破产、清算费用并优先偿还负债后，剩余部分才能在投资者之间按出资比例进行分配。

◆企业所有者投入企业的资本，在企业持续经营期间，除依法转让外，不得以任何形式收回。

12.1 实收资本的核算

12.1.1 实收资本的核算内容

实收资本是指投资者按照企业章程或合同、协议的约定，实际投入企业的各种财产、物资的价值。按投资主体的不同，实收资本可分为国家投资、法人投资、外商投资和个人投资。该科目按照投资者明细进行核算，借记增加贷记减少，期末一般为贷方余额。

12.1.2 实收资本的核算示范

【例 12－1】 苏州江秀房地产开发有限公司原注册资本为 1 000 万元，按原持股比例拟增资到 2 000 万元，2005 年 12 月 1 日收到股东投资款，其中自然人王金秀投入 400 万元，南京南江置业集团有限公司投入 600 万元。所有投资均已到位并存入银行账户。

账务处理如下：

记账凭证

2013 年 12 月 1 日　　　　第　号

摘要	总账科目	明细科目	三级明细	借方	贷方	记账
收到投资款	银行存款	建行城中支行		10 000 000		
	实收资本	南京南江置业集团			6 000 000	
	实收资本	王金秀			4 000 000	
附件：　张						
合计				10 000 000	10 000 000	

会计主管：×××　记账：×××　复核：×××　出纳：×××　制单：×××

12.2 资本公积的核算

12.2.1 资本公积的核算内容

资本公积是指企业收到投资者的超出其在企业注册资本（或股本）中所占份额的投资，以及直接计入所有者权益的利得和损失等。资本公积包括资本溢价（或股本溢价）和直接计入所有者权益的利得和损失等。该科目按照项目明细进行核算，借记增加贷记减少，期末一般为贷方余额。

12.2.2 资本公积的核算示范

【例 12－2】苏州江秀房地产开发有限公司为了扩大经营规模，决定将注册资本金由原来的 2 000 万元追加到 3 000 万元，于 2010 年 6 月成功引入投资者李大江，但是按照投资协议，新加入的股东要是享有该公司 1/3 的股份的话，需投入资金 1 300 万元，新投资者于 2010 年 6 月 1 日将 1 300 万元资金转入苏州江秀房地产开发有限公司的账户中。

账务处理如下：

记账凭证

2010 年 6 月 1 日　　　　第　号

摘要	总账科目	明细科目	三级明细	借方	贷方	记账
收到投资款	银行存款	建行城中支行		13 000 000		
	实收资本	李大江			10 000 000	
	资本公积	资本溢价			3 000 000	
附件：　张						
合计				13 000 000	13 000 000	

会计主管：××× 记账：××× 复核：××× 出纳：××× 制单：×××

【例 12－3】2012 年 2 月因扩大经营规模需要，经决议批准，将苏州江秀房地产开发有限公司按原出资比例将资本公积 300 万元转增资本。

账务处理如下：

记账凭证

2012 年 2 月 1 日　　　　第　号

摘要	总账科目	明细科目	三级明细	借方	贷方	记账
资本公积转增资本	资本公积			3 000 000		
	实收资本	李大江			1 000 000	
	实收资本	南京南江置业集团			1 200 000	
	实收资本	王金秀			800 000	
附件：　张						
合计				3 000 000	3 000 000	

会计主管：×××　记账：×××　复核：×××　出纳：×××　制单：×××

12.3 留存收益的核算

12.3.1 留存收益的核算内容

留存收益是指企业从历年实现的利润中提取或形成的留存于企业的内部积累，包括盈余公积和未分配利润。

1. 盈余公积的核算内容

公司制企业的盈余公积包括法定盈余公积和任意盈余公积。法定盈余公积是指企业按照规定的比例从净利润中提取的盈余公积；任意盈余公积是指企业按照股东大会决议提取的盈余公积。按照《公司法》的有关规定，公司制企业应按照净利润（减弥补以前年度亏损）的 10% 提取法定盈余公积，当累计达到注册资本的 50% 时可以不再提取。公司提取的盈余公积经批准可用于弥补亏损、转增资本、发放现金股利或利润等。该科目按照项目明细进行核算，借记增加贷记减少，期末一般为贷方余额。

2. 未分配利润的核算内容

利润分配是指企业根据国家有关规定或企业章程、投资者协议等，对企业当年可供分配的利润所进行的分配。而未分配利润是指企业实现的净利润经过弥补亏损、提取盈余公积和向投资者分配利润后留存在企业的、历年结存的利润。未分配利润有两层含义：一是留待以后年度处理的利润；二是未指定特定用途的利润。从数量上来讲，未分配利润是期初未分配利润，加上本期实现的净利润，减去提取的各种盈余公积和分出利润后的余额。

12.3.2 盈余公积的核算示范

【例 12－4】苏州江秀房地产开发有限公司 2013 年实现净利润 480 万元，本年提取法定盈余公积 48 万元，决定向股东分配股利 150 万元。

账务处理如下：

记账凭证

2013 年 12 月 31 日　　第　号

摘要	总账科目	明细科目	三级明细	借方	贷方	记账
结转净利润	本年利润			4 800 000		
	利润分配	未分配利润			4 800 000	
附件：　张						
合计				4 800 000	4 800 000	

会计主管：×××　记账：×××　复核：×××　出纳：×××　制单：×××

记账凭证

2013 年 12 月 31 日　　第　号

摘要	总账科目	明细科目	三级明细	借方	贷方	记账
提取盈余公积	利润分配	提取法定盈余公积		480 000		
	利润分配	应付现金股利		1 500 000		
	盈余公积	法定盈余公积			480 000	
	应付股利	股东			1 500 000	
附件：　张						
合计				1 980 000	1 980 000	

会计主管：×××　记账：×××　复核：×××　出纳：×××　制单：×××

记账凭证

2013 年 12 月 31 日　　　　第　号

摘要	总账科目	明细科目	三级明细	借方	贷方	记账
结转利润分配余额	利润分配	未分配利润		1 980 000		
	利润分配	提取法定盈余公积			480 000	
	利润分配	应付现金股利			1 500 000	
附件：　张						
合计				1 980 000	1 980 000	

会计主管：×××　记账：×××　复核：×××　出纳：×××　制单：×××

【例 12－5】承上例，苏州江秀房地产开发有限公司 2014 年 2 月向股东支付股利，支付股东南京南江置业集团有限公司现金股利 60 万元，股东王金秀现金股利 40 万元。向股东李大江以一套成本价 49 万元，市场售价为 55 万元的商品房作价 50 万元作为股利分配（因优惠额度较小，50 万元视为正常市场售价，不考虑涉税因素）。

账务处理如下：

记账凭证

2014 年 2 月 10 日　　　　第　号

摘要	总账科目	明细科目	三级明细	借方	贷方	记账
支付股利	应付股利	南京南江置业集团		600 000		
	应付股利	王金秀		400 000		
	银行存款				1 000 000	
附件：　张						
合计				1 000 000	1 000 000	

会计主管：×××　记账：×××　复核：×××　出纳：×××　制单：×××

记账凭证

2014 年 2 月 10 日　　　　第　号

摘要	总账科目	明细科目	三级明细	借方	贷方	记账
确认收入	应付股利	李大江		500 000		
	主营业务收入				500 000	
附件：　张						
合计				500 000	500 000	

会计主管：××× 　记账：××× 　复核：××× 　出纳：××× 　制单：×××

记账凭证

2014 年 2 月 10 日　　　　第　号

摘要	总账科目	明细科目	三级明细	借方	贷方	记账
结转成本	主营业务成本			490 000		
	开发产品	多层住宅 301			490 000	
附件：　张						
合计				490 000	490 000	

会计主管：××× 　记账：××× 　复核：××× 　出纳：××× 　制单：×××

第13章

财务报告

财务报告应当包含财务报表和财务情况说明书。财务报表是指企业对外提供的反映企业某一特定日期财务状况和某一会计期间经营成果、现金流量、权益变动及其财务信息的文件，主要包括：资产负债表、利润表、现金流量表、所有者权益变动表以及会计报表附注。财务情况说明书是对财务报表的详尽说明。

本章以苏州江秀房地产开发有限公司为例（部分数据进行了调整，与前面章节没有联系），对房地产企业的资产负债表、利润表、现金流量表、所有者权益变动表以及会计报表附注进行了详细的描述，对财务报表的编制进行了示范，对财务报告进行了简单说明。

13.1 财务报告概述

13.1.1 财务报告的作用

财务报告是以会计账簿的记录及其他有关资料为依据，将日常核算中大量的、分散的会计资料加以分类、整理、汇总，按照会计制度规定的要求及格式形成会计报表及相关的文字解释和分析，向有关各方传递企业财务状况和经营成果的有关信息。

财务会计报告所披露信息数据的主要用途归纳如下：

1. 对投资人的作用

了解企业的盈利水平及发展趋势，结合企业的财务状况，作出是否继续持有投资、追加投资的相关决策。

2. 对债权人的作用

了解企业的财务状况，评估企业的偿债能力，并以此作为制定或修订贷款政策、信用政策的决策依据。

3. 对政府机构、职能部门的作用

监督检查企业是否贯彻执行国家有关方针、政策、法律、法规，更好地发挥国家对宏观经济的调控与经济监督的作用。

4. 对企业本身的作用

了解和掌握企业的生产经营及财务状况，及时分析、总结管理中存在的问题，有利于企业不断提高经营管理水平和经济效益，为企业的经济预测和决策提供依据。

13.1.2 财务报告的内容

财务报告由会计报表和会计报表附注组成。其中，会计报表是财务会计报告的主体和核心部分，主要包括：资产负债表、利润表、现金流量表、所有者权益变动表。会计报表附注是会计报表的补充，主要是对会计报表不能包括的内容或披露不详尽的内容作进一步的解释说明。

财务情况说明书是对单位一定会计期间内财务、成本等情况进行分析总结的书面文字报告，也是财务会计报告的重要组成部分。

1. 《企业会计准则》财务报表提供的要求

《企业会计准则》要求企业会计报告提供的会计报表包括：资产负债表、利润表、现金流量表、所有者权益变动表及会计报表附注。

2.《小企业会计准则》财务报表提供的要求

《小企业会计准则》要求企业会计报告提供的会计报表至少包括：资产负债表、利润表、现金流量表及会计报表附注。

13.1.3 财务报告编制的基本要求

1. 财务报告提供信息的真实性、可靠性要求

企业编制财务会计报告，应当根据真实的交易、事项以及完整、准确的账簿资料，并按照国家统一的会计制度规定的编制基础、编制依据、编制原则和方法编制，做到内容真实、数字准确、资料可靠。

1）会计要素的确认和计量。

企业应当依照国家统一的会计制度规定，对会计报表中各项会计要素进行合理的确认和计量，不得随意改变会计要素的确认和计量标准。

2）会计报表的数字。

在会计报表之间、会计报表各项目之间，凡有对应关系的数字，应当相互一致；会计报表中本期与上期的有关数字应当相互衔接。如果不同会计年度会计报表中各项目的内容和核算方法有变更的，应当在年度会计报表中加以说明。

2. 财务报告提供信息的完整性要求

企业应当按照国家统一的会计制度规定的会计报表的格式和内容，根据登记完整、核对无误的会计账簿记录和其他有关资料编制会计报表。会计报表的填列，以人民币“元”为金额单位，“元”以下填至“分”。任何人不得漏报或者任意取舍会计报表的内容；不得篡改或者授意、指使、强令他人篡改会计报表的有关数字。

1）结账工作要求。

企业持续经营期间年度结账日为公历年度每年的12月31日；半年度、季度、月度结账日分别为公历年度每半年、每季、每月的最后一天。

企业终止营业的应当在终止营业时按照编制年度财务会计报告的要求全面清查资产、核实债务、进行结账，并编制财务会计报告；在清算期间，应当按照国家统一的会计制度的规定编制清算期间的财务会计报告。

2）编制报告前工作要求。

全面清查资产、核实债务，确保结算款项：包括应收款项、应付款项、应交税金等是否存在，与债务、债权单位的相应债务、债权金额是否一致；开发产品、开发成本、库存商品等各项存货的实存数量与账面数量是否一致，是否有报废损失和积压物资等；各项投资是否存在，投资收益是否按照国家统一的会计制度规定进行确认和计量；房屋建筑物、机器设备、运输工具等各项固定资产的实存数量与账面数量是否一致；在建工程的实际发生额与账面记录是否一致。

全面审查会计记录：核对会计账簿记录与会计凭证的内容、金额等是否一致，记账方向是否相符；检查相关的会计核算是否按照国家统一的会计制度的规定进行；依照《企业财务会计报告条例》规定的结账日进行结账，结出有关会计账簿的余额和发生额，并核对各会计账簿之间的余额；对于国家统一的会计制度没有规定统一核算方法的交易、事项，检查其是否按照会计核算的一般原则进行确认和计量，以及相关账务处理是否合理；检查是否存在因会计差错、会计政策变更等原因需要调整前期或者本期相关项目的情况。

3）报告的格式及内容。

各单位对外报送的财务会计报告应当根据国家统一会计制度规定的格式和要求编制。单位内部使用的财务报告，其格式和要求由各单位自行规定；会计报表附注和财务情况说明书应当按照企业财务报告条例和国家统一的会计制度的规定，对会计报表中需要说明的事项作出真实、完整、清楚的说明。

3. 正确组织会计报告的对外报送要求

1）报送对象。

企业应当按照国家有关规定，向政府职能部门、上级主管部门提供财务会计报告；企业应当依照企业章程的规定，向投资者提供财务会计报告；国务院派出监事会的国有重点大型企业、国有重点金融机构和省、自治区、直辖市人民政府派出监事会的国有企业，应当依法定期向监事会提供财务会计报告。

2）报送时间。

各单位的财务报表报告应当在国家规定的时间内及时对外报送。目前月度财务报告应于月份终了后的6日内（节假日顺延，下同）对外提供，季度财务会计报告应于季度终了后的15日内对外提供，半年度财务会计报告应在半年度终了后的60天内（相当于两个连续的月份）对外提供，年度财务报表报告应在年度终了后的4个月内对外提供。

3）报表的装订。

企业对外提供的财务报表应当依次编定页数，加具封面，装订成册，加盖公章。

封面上应当注明：企业名称、企业统一代码、组织形式、地址、报表所属年度或者月份、报出日期，并由企业负责人和主管会计工作的负责人、会计机构负责人（会计主管人员）签名并盖章；设置总会计师的企业，还应当由总会计师签名并盖章。

13.2 资产负债表

资产负债表是反映企业在某一特定日期财务状况的会计报表。该表是根据资产、负债和所有者权益（或股东权益）之间的相互关系，按照一定的顺序排列，表明企业在某一特定日期所拥有或控制的经济资源、所承担的现有义务和所有者对净资产的要求权。

通过资产负债表，可以反映企业某一特定日期的资产总额、负债总额以及结构，表明企业拥有和控制的经济资源以及未来需要用多少资产或劳务清偿债务；通过资产负债表，可以反映企业所有者权益的情况，表明投资者在企业资产中所占的份额，了解所有者权益的构成情况。资产负债表还能够提供进行财务分析的基本资料，了解企业的偿债能力、支付能力以及财务状况发展趋势等。

13.2.1 资产负债表的内容与格式

1. 资产负债表的内容

1）资产项目。

资产是指过去的交易、事项形成并由企业拥有或者控制的资源，该资源预期会给企业带来经济利益。资产按流动性不同，可分为流动资产（包括：货币资金、交易性金融资产、应收票据、应收账款、预付账款、应收利息、应收股利、其他应收款、存货及一年内到期的非流动资产等）和非流动性资产（包括：长期股权投资、固定资产、在建工程、工程物资、固定资产清理、无形资产、开发支出、长期待摊费用及其他非流动资产等）。

2）负债项目。

负债是指过去的交易、事项形成的现时义务，履行该义务预期会导致经济利益流出企业。在资产负债表上，负债应当按照其流动性分，可分为：流动负债（包括：短期借款、应付票据、应付账款、预收款项、应付职工薪酬、应交税费、应付利息、应付股利、其他应付款、一年内到期的非流动负债等）和非流动性负债（包括：长期借款、应付债券和其他非流动负债等）。

3）所有者权益项目。

所有者权益是指所有者在企业资产中享有的经济利益，其金额为资产减去负债后的余额。在资产负债表上，所有者权益应当按照实收资本（或者股本）、资本公积、盈余公积、未分配利润等分项列示。

2. 资产负债表的格式

资产负债表的格式有账户式和报告式两种。我国目前企业会计制度规定采用账户式结构。在账户式结构下，资产负债表分为左方和右方。

1）左方。

资产负债表左方列示资产类项目，以各类资产变现能力的强弱程度为序排列，变现能力强的资产列前，变现能力弱的资产列后。

2）右方。

资产负债表右方按照负债在前，所有者权益在后的顺序排列。其中，负债是以偿还的急缓程度为序排列，先流动负债后长期负债，以原始投资在前，派生的留存收益在后的顺序进行排列。

13.2.2 资产负债表的编制方法

资产负债表的编制是以日常会计核算记录的数据为基础进行归类、整理和汇总，加工成报表项目的过程。我国资产负债表主体部分的各项目都列有“年初数”和“期末数”两个栏目，是一种比较资产负债表。以下分别说明各栏目的填列方法。

1. 年初数

资产负债表年初数栏的数据，根据上年末资产负债表“期末数”栏内所列数字填列。如果本年度资产负债表规定的各个项目的名称和内容与上年度不相一致，应对上年年末资产负债表各项目的名称和数字按照本年度的规定进行调整，按调整后的数字填列。

2. 期末数

1）根据总账科目的余额填列。

（1）直接根据总账科目的余额填列。如“交易性金融资产”“短期借款”“应付票据”“应付职工薪酬”等项目。

（2）根据几个总账科目的余额计算填列。如“货币资金”项目。

2）根据有关明细科目的余额计算填列。

（1）如“应付账款”项目，需要根据“应付账款”和“预付账款”两个科目所属的相关明细科目的期末贷方余额计算填列。

（2）应收账款”项目，需要根据“应收账款”和“预收账款”两个科目所属的相关明细科目的期末借方余额计算填列。

3）根据总账科目和明细科目的余额分析计算填列。

如“长期借款”项目，需要根据“长期借款”总账科目余额扣除“长期借款”科目所属的明细科目中将在一年内到期且企业不能自主将清偿义务展期的长期借款后的金额计算填列。

4）根据总账科目与其备抵科目抵销后的净额填列。

（1）如资产负债表中的“应收票据”“应收账款”“长期股权投资”“在建工程”，应用资产科目期末余额扣除相应的减值准备科目余额后的净额填列。

（2）“固定资产”“投资性房地产”“无形资产”等项目，应用资产科目期末余额扣除相应的减值准备科目及累计折旧（摊销）等的净额填列。

5）综合运用上述填列方法分析填列。

如资产负债表中的“存货”项目，需根据“原材料”“开发产品”“开发成本”等总账科目期末余额的分析汇总数，再减去“存货跌价准备”科目余额后的净额填列。

13. 2. 3 资产负债表填列的具体说明

1. 资产类项目的具体说明

1）货币资金。

货币资金反映企业库存现金、银行结算存款、外埠存款、银行汇票存款等的合计数。本项目应根据“库存现金”“”银行存款”“其他货币资金”科目的总分类期末余额合计填列。

2）交易性金融资产。

交易性金融资产反映以公允价值计量且其变动计入当期损益的金融资产，包括企业为交易目的所持有的债券投资、股票投资、基金投资等。该项目反映其期末公允价值，应根据“交易性金融资产”科目的总分类账期末余额填列。

3）应收票据。

应收票据反映企业收到的未到期收款也未向银行贴现的应收票据（银行承兑汇票和商业承兑汇票）。本项目应根据“应收票据”科目的总分类账期末余额减去对应的“坏账准备”余额后的差额填列。

4）应收账款。

应收账款反映企业因销售商品、提供劳务等日常生产经营活动应收取的款项。本项目应根据“应收账款”的期末余额分析填列。本项目的金额为“应收账款”科目各明细分类账期末借方余额合计，减去对应的“坏账准备”，加上“预收账款”科目各明细分类账期末借方余额合计。

5）预付账款。

预付账款反映企业按照合同规定预付的款项。本项目应根据“预付账款”的期末余额分析填列。本项目的金额为“预付账款”科目各明细分类账期末借方余额合计，减去对应的“坏账准备”，加上“应付账款”科目各明细分类账期末借方余额合计。

6）应收利息。

应收利息本项目应根据“应收利息”的期末总分类账余额填列。本项目反映企业交易性金融资产、持有至到期投资以及可供出售的金融资产应收取的利息。

7）其他应收款。

其他应收款反映企业除存出保证金、应收票据、应收账款、预付账款、应收股利、应收利息以及长期应收款等以外的其他应收款项。本项目应根据“其他应收款”科目的总分类账期末余额减去对应的“坏账准备”填列。

8）存货。

存货反映企业期末在库、在途和在加工中的各项存货的成本。包括：各种原材料、在产品、半成品、产成品、商品、周转材料（包装物、低值易耗品等）、消耗性生物资产等。本项目应根据“开发产品”“开发成本”“原材料”“库存商品”“周转材料”“存货跌价准备”等科目的期末余额分析填列。

本项目的金额为上述涉及到的全部存货项目的会计科目总分类账余额之代数和。所谓代数和是借方余额取正值，贷方余额取负值求和。

9）一年内到期的非流动资产。

一年内到期的非流动资产是指非流动资产中将要在一年到期的部分，该项目的金额应根据各非流动资产账簿分析填列。实务中，如“持有至到期投资”“可供出售金融资产”账户中将要在一年内到期收回的部分，应从持有至到期投资、可供出售金融资产项目中扣除，填列在本项目中。对其他非流动资产项目一般不作上述分析填列。

10）其他流动资产。

其他流动资产反映企业除已单独列示的流动资产项目外的其他流动资产，如“待摊费用”的会计科目。本项目应根据有关科目的期末总分类账余额填列。实务中，涉及该项目内容较少，如有发生，可依据流动资产中除已单独列示的流动资产项目之外的有关科目的期末总分类账余额分析加总填列。

11）可供出售金融资产。

可供出售金融资产反映企业期末可供出售金融资产的公允价值。该项目应根据“可供出售金融资产”科目的期末总分类账余额直接填列。

12）持有至到期投资。

持有至到期投资反映企业期末持有至到期投资的净额。该项目应根据“持有至到期投资”期末总分类账余额减去“持有至到期投资减值准备”期末总分类账余额填列。

13）长期应收款。

长期应收款反映企业期末长期应收款的净额。该项目应根据“长期应收款”期末总分类账余额减去“长期应收款减值准备”期末总分类账余额填列。

14）长期股权投资。

长期股权投资反映企业准备长期持有的权益性投资的价值。该项目应根据“长期股权投资”期末总分类账余额减去“长期股权投资减值准备”期末总分类账余额填列。

15）投资性房地产。

投资性房地产反映企业投资性房地产原价扣除投资性房地产累计折旧和投资性房地产减值准备后的净额。本项目应根据“投资性房地产”科目的期末总分类账余额减去“投资性房地产累计折旧”科目的期末总分类账余额，再减去“投资性房地产减值准备”的期末总分类账余额后的金额填列。

16）固定资产。

固定资产反映企业固定资产原价扣除累计折旧和固定资产减值准备后的净额。这两个项目应根据“固定资产”科目、“累计折旧”科目和“固定资产减值准备”的期末总分类账余额填列。

17）在建工程。

在建工程反映企业尚未完工或虽已完工，但尚未办理竣工决算的工程成本。该项目应根据“在建工程”期末总分类账余额减去“在建工程减值准备”期末总分类账余额填列。

18）工程物资。

工程物资反映企业为在建工程准备的各种物资的成本。该项目应根据“工程物资”期末总分类账余额减去“工程物资减值准备”期末总分类账余额填列。

19）固定资产清理。

固定资产清理反映企业因出售、报废、毁损、对外投资等原因处置固定资产所转出的固定资产账面价值以及在清理过程中发生的费用等。本项目应根据“固定资产清理”科目的期末借方余额填列；如“固定资产清理”科目期末为贷方余额，以“-”号填列。

20）生产性生物资产。

生产性生物资产反映企业生产性生物资产原价扣除生产性生物资产累计折旧和生产性生物资产减值准备后的净额。这两个项目应根据“生产性生物资产”科目、“生产性生物资产累计折旧”科目和“生产性生物资产减值准备”的期末总分类账余额填列。

21）油气资产。

油气资产反映企业油气资产原价扣除累计折耗和油气资产减值准备后的净额。这两个项目应根据“油气资产”科目、“累计折耗”科目和“油气资产减值准备”的期末总分类账余额填列。

22）无形资产。

无形资产反映企业无形资产原价扣除累计摊销和无形资产减值准备后的净额。这两个项目应根据“无形资产”科目、“累计摊销”科目和“无形资产减值准备”的期末总分类账余额填列。

23）开发支出。

开发支出反映企业正在进行的无形资产研究开发项目满足资本化条件的支出。该项目应根据“研发支出”科目明细分类账资本化支出明细项目的期末余额填列。

24）长期待摊费用。

长期待摊费用反映企业尚未摊销完毕的已提足折旧的固定资产的改建支出、经营租入固定资产的改建支出、固定资产的大修理支出和其他长期待摊费用。本项目应根据“长期待摊费用”科目总分类账的期末余额填列。

25）递延所得税资产。

递延所得税资产反映企业期末确认的递延所得税资产金额。该项目根据“递延所得税资产”总分类账的期末余额直接填列。

26）其他非流动资产。

其他非流动资产反映企业除以上非流动资产以外的其他非流动资产。本项目应根据有关科目的总分类账期末余额分析填列。

2. 负债类项目的具体说明

1）短期借款。

短期借款反映企业向银行或其他金融机构等借入的期限在1年内的、尚未偿还的各种借款本金。本项目应根据“短期借款”科目的总分类账期末余额直接填列。

2）交易性金融负债。

交易性金融负债反映企业期末交易性金融负债的公允价值。该项目根据“交易性金融负债”科目的总分类账期末余额直接填列。

3）应付票据。

应付票据反映企业因购买材料、商品和接受劳务等日常生产经营活动开出、承兑的商业汇票（银行承兑汇票和商业承兑汇票）尚未到期的票面金额。本项目应根据“应付票据”科目的总分类账期末余额直接填列。

4）应付账款。

应付账款反映企业因购买材料、商品和接受劳务等日常生产经营活动尚未支付的款项。本项目应根据“应付账款”科目明细分类账的期末贷方余额合计，减去“预付账款”科目明细分类账的期末贷方余额合计填列。

5）预收账款。

预收账款反映企业根据合同规定预收的款项。包括：预收的购房款、工程款等。本项目应根据“预收账款”科目明细分类账的期末贷方余额合计，减去“应收账款”科目明细分类账的期末贷方余额合计填列。

6）应付职工薪酬。

应付职工薪酬反映企业应付未付的职工薪酬。本项目应根据“应付职工薪酬”科目的总分类账期末余额直接填列。如“应付职工薪酬”科目期末为借方余额，以“－”号直接填列。

7）应交税费。

应交税费反映企业期末未交、多交或尚未抵扣的各种税费。本项目应根据“应交税费”科目的期末贷方余额直接填列。如“应交税费”科目期末为借方余额，以“－”号直接填列。

8）应付利息。

应付利息反映企业尚未支付的利息费用。本项目应根据“应付利息”科目的总分类账期末余额直接填列。

9）应付股利。

应付股利反映企业尚未向投资者支付的股利或利润。本项目应根据“应付股利”科目的总分类账期末余额直接填列。

10）其他应付款。

其他应付款反映企业除应付账款、预收账款、应付职工薪酬、应交税费、应付利息、应付利润等以外的其他各项应付、暂收的款项。包括：应付租入固定资产和包装物的租金、存入保证金等。本项目应根据“其他应付款”科目的总分类账期末余额直接填列。

11）一年内到期的非流动负债。

一年内到期的非流动负债反应企业非流动负债中一年内到期的部分。该项目根据“长期借款”和“应付债券”以及“长期应付款”科目一年到期部分分析填列。

12）其他流动负债。

其他流动负债反映企业除以上流动负债以外的其他流动负债，如“预提费用”。本项目应根据有关科目的总分类账期末余额汇总直接填列。

13）长期借款。

长期借款反映企业向银行或其他金融机构借入的期限在1年以上的、尚未偿还的各项借款本金。本项目应根据“长期借款”科目的期末余额扣除一年内到期部分分析填列。

14）应付债券。

应付债券反应企业期末尚未偿还的长期债券摊余成本。该项目根据“应付债券”科目的期末余额扣除一年内到期部分分析填列。

15）长期应付款。

长期应付款反映企业除长期借款以外的其他各种应付未付的长期应付款项。包括：应付融资租入固定资产的租赁费、以分期付款方式购入固定资产发生的应付款项等。本项目应根据“长期应付款”科目的期末余额扣除一年内到期部分分析填列。

16）专项应付款。

专项应付款反应企业期末尚未转销的专项应付款项。该项目根据“专项应付款”科目的期末余额扣除一年内到期部分分析填列。

17）预计负债。

预计负债反映企业已经确认尚未支付的负债金额。该项目根据“专项应付款”科目的期末余额直接填列。

18）递延所得税负债。

递延所得税负债反映企业已经确认的递延所得税负债金额。该项目根据“递延所得税负债”科目的期末余额直接填列。

19）其他非流动负债。

其他非流动负债反映企业除以上非流动负债项目以外的其他非流动负债。本项目应根据有关科目的期末余额汇总后直接填列。

3. 所有者权益类项目的具体说明

1）实收资本。

实收资本反映企业收到投资者按照合同协议约定或相关规定投入的、构成小企业注册资本的部分。本项目应根据“实收资本（或股本）”科目的总分类账期末余额直接填列。

2）资本公积。

资本公积反映企业收到投资者投入资本超出其在注册资本中所占份额的部分。本项目应根据“资本公积”科目的总分类账期末余额直接填列。

3）盈余公积。

盈余公积反映企业的法定公积金和任意公积金，外商投资企业的储备基金和企业发展基金。本项目应根据盈余公积科目的总分类账期末余额直接填列。

4）未分配利润。

未分配利润反映企业尚未分配的历年结存的利润。本项目应根据“利润分配”科目的期末余额填列。未弥补的亏损，在本项目内以“－”号填列。

13.2.4 资产负债表填列示范

1. 基础资料

1）2012 年 12 月 31 日的资产负债表。

资产负债表

编制单位：苏州江秀房地产开发有限公司　　2012 年 12 月 31 日　　单位：元

资　产	期末余额	年初余额（略）	负债和股东权益	期末余额	年初余额（略）
流动资产：			流动负债：		
货币资金	6 296 914		短期借款	4 134 000	
交易性金融资产	11 700		交易性金融负债	0	
应收票据	191 880		应付票据	156 000	
应收账款	223 298		应付账款	5 743 964	
预付款项	2 678 000		预收款项	2 600 000	
应收利息	0		应付职工薪酬	85 800	
应收股利	0		应交税费	28 548	
其他应收款	3 900		应付利息	780	
存货	28 012 400		应付股利	0	
一年内到期的非流动资产	0		其他应付款	4 039 000	
其他流动资产	78 000		一年内到期的非流动负债	780 000	
流动资产合计	34 906 092		其他流动负债	0	
非流动资产：	0		流动负债合计	17 568 092	
可供出售金融资产	0		非流动负债：	0	
持有至到期投资	0		长期借款	468 000	
长期应收款	0		应付债券	0	
长期股权投资	195 000		长期应付款	0	
投资性房地产	0		专项应付款	0	
固定资产	8 658 000		预计负债	0	
在建工程	1 170 000		递延所得税负债	0	
工程物资	0		其他非流动负债	0	
固定资产清理	0		非流动负债合计	468 000	
生产性生物资产	0		负债合计	18 036 092	
油气资产	0		股东权益：	0	
无形资产	468 000		实收资本（或股本）	30 000 000	
开发支出	0		资本公积	0	

续表

资　　产	期末余额	年初余额（略）	负债和股东权益	期末余额	年初余额（略）
商誉	0		减：库存股	0	
长期待摊费用	0		盈余公积	78 000	
递延所得税资产	0		未分配利润	39 000	
其他非流动资产	156 000		股东权益合计	30 117 000	
非流动资产合计	10 647 000			0	
资产总计	48 153 092		负债和股东权益总计	48 153 092	

2）2013 年 12 月 31 日科目余额表。

科目余额表　　　　单位：元

科目名称	借方余额	科目名称	贷方余额
库存现金	40 560	短期借款	3 939 000
银行存款	5 789 548	应付票据	78 000
其他货币资金	5 694	应付账款	6 743 964
交易性金融资产	0	预收账款	2 340 000
应收票据	51 480	其他应付款	3 299 000
应收账款	468 000	应付职工薪酬	140 400
坏账准备	-1 404	应交税费	176 850
预付账款	2 678 000	应付利息	0
其他应收款	3 900	应付股利	25 129
材料采购	214 500	一年内到期的长期负债	0
原材料	35 100	长期借款	904 800
周转材料	29 679	股本	30 000 000
开发产品	14 655 472	盈余公积	97 321
开发成本	13 003 315	利润分配（未分配利润）	170 050
其他流动资产	78 000		
长期股权投资	195 000		

续表

科目名称	借方余额	科目名称	贷方余额
固定资产	9 672 780		
累计折旧	-132 600		
固定资产减值准备	-23 400		
工程物资	234 000		
在建工程	333 840		
无形资产	468 000		
累计摊销	-46 800		
递延所得税资产	5 850		
其他长期资产	156 000		

2. 资产负债表的填列

根据2012 年资产负债表、2013 年 12 月 31 日科目余额表，编制2013 年 12 月 31 日资产负债表如下：

资产负债表

编制单位：苏州江秀房地产开发有限公司　　2013 年 12 月 31 日　　单位：元

资　　产	期末余额	年初余额	负债和股东权益	期末余额	年初余额
流动资产：			流动负债：		
货币资金	5 835 802	6 296 914	短期借款	3 939 000	4 134 000
交易性金融资产	0	11 700	交易性金融负债		0
应收票据	51 480	191 880	应付票据	78 000	156 000
应收账款	466 596	223 298	应付账款	6 743 964	5 743 964
预付款项	2 678 000	2 678 000	预收款项	2 340 000	2 600 000
应收利息	0	0	应付职工薪酬	140 400	85 800
应收股利	0	0	应交税费	176 850	28 548
其他应收款	3 900	3 900	应付利息	0	780
存货	27 938 066	28 012 400	应付股利	25 129	0

续表

资　　产	期末余额	年初余额	负债和股东权益	期末余额	年初余额
一年内到期的非流动资产		0	其他应付款	3 299 000	4 039 000
其他流动资产	78 000	78 000	一年内到期的非流动负债	0	780 000
流动资产合计	37 051 844	34 906 092	其他流动负债	0	0
非流动资产：		0	流动负债合计	16 742 343	17 568 092
可供出售金融资产	0	0	非流动负债：	0	0
持有至到期投资	0	0	长期借款	904 800	468 000
长期应收款	0	0	应付债券	0	0
长期股权投资	195 000	195 000	长期应付款	0	0
投资性房地产	0	0	专项应付款	0	0
固定资产	8 216 780	8 658 000	预计负债	0	0
在建工程	333 840	1 170 000	递延所得税负债	0	0
工程物资	234 000	0	其他非流动负债	0	0
固定资产清理	0	0	非流动负债合计	904 800	468 000
生产性生物资产	0	0	负债合计	17 647 143	18 036 092
油气资产	0	0	股东权益：		0
无形资产	421 200	468 000	实收资本（或股本）	30 000 000	30 000 000
开发支出	0	0	资本公积	0	0
商誉	0	0	减：库存股	0	0
长期待摊费用	0	0	盈余公积	97 321	78 000
递延所得税资产	5 850	0	未分配利润	170 050	39 000
其他非流动资产	156 000	156 000	股东权益合计	30 267 371	30 117 000
非流动资产合计	10 862 670	10 647 000			0
资产总计	47 914 514	48 153 092	负债和股东权益总计	47 914 514	48 153 092

13.3 利　润　表

利润表也称为损益表、收益表，是反映企业在一定会计期间经营成果的报表。由于它反映的是某一期间的情况，所以，又属于会计动态报表。

通过利润表，可以反映企业一定会计期间的收入、收益的多少；成本、费用的耗用额度；各类税费的情况等等。依此确定企业生产经营活动的成果，据以判断资本保值、增值情况。将利润表中的信息与资产负债表中的信息相结合，还可以提供进行财务分析的基本资料，如将赊销收入净额与应收账款平均余额进行比较，计算出应收账款周转率；将销货成本与存货平均余额进行比较，计算出存货周转率；将净利润与资产总额进行比较，计算出资产收益率等，可以表现企业资金周转情况以及企业的盈利能力和水平，便于会计报表使用者判断企业未来的发展趋势，作出经济决策。

13.3.1 利润表的内容与格式

1. 利润表的内容

在利润表中，企业通常按各项收入、费用以及构成利润的各个项目分类分项列示。也就是说收入按其重要性进行列示，主要包括主营业务收入、其他业务收入、投资收益、补贴收入、营业外收入；费用按其性质进行列示，主要包括主营业务成本、主营业务税金及附加、销售费用、管理费用、财务费用、其他业务成本、营业外支出、所得税费用等；利润按营业利润、利润总额和净利润等利润的构成分类分项列示。

房地产企业利润表的收入、所得税费用两项内容，与一般行业比较具有鲜明的特点。我们在阅读房地产企业利润表时应该注意以下两点：

其一，因为房地产企业是在开具房屋销售发票时确认收入，那些未开具发票，已经从预售合同、销售合同中可以确定的收款，甚至已经收取的款项，都反映在房地产企业“预收账款”项目中。

其二，房地产企业每年年度终了，未开发完毕和未售罄的项目，都要依据税法的要求，结合预收房款的金额，采用预交企业所得税的方式，那么，预交的企业所得税应该反映在利润表所得税费用项目中。换言之，利润表中显示的所得税费用和反映的营业收入没有对应的可比性。

2. 利润表的格式

1）单步式利润表。

单步式利润表是先将当期所有的收入列在一起，然后将所有的费用列在一起，两者相减得出当期净损益。

2）多步式利润表。

多步式利润表通过对当期的收入、成本、费用、支出项目按性质加以归类，按利润形成的主要环节列示一些中间性利润指标，如营业利润、利润总额、净利润，分步计算当期净损益。

在我国，利润表采用多步式，每个项目通常又分为“本月数”和“本年累计数”两栏分别列示。

栏次	报表期间	填写说明
“本月数”栏	月份报表	反映各项目的本月实际发生数
	中期报表	填列上年同期累计实际发生数
	年度报表	填列上年全年累计实际发生数
“累计数”栏	所有期间	反映各项目自年初起至报告期末止的累计实际发生数

13.3.2 利润表的编制方法

1. 报表数据与账簿数据的关系

本月实际发生数就是本月转入本年利润的各损益类科目金额，也就是各损益类科目总分类账的“本月合计”数额；累计实际发生数也就是各损益类科目总分类账的“本年累计”数额。

实际工作中，对收入、收益类损益科目贷方归集实际发生数，从借方将发生额转入本年利润科目，一般情况下对于冲回的损益我们在贷方登记负数；对成本、费用、支出类损益科目借方归集实际发生数，从贷方将发生额转入本年利润科目，一般情况下对于冲回的损益我们在借方登记负数。如此登记账簿，保证了账簿中“本月合计”和“本年累计”数值的有用性。否则，对冲回的损益我们在相反的方向登记，那么账簿中“本月合计”和“本年累计”数值就失去了会计信息数据的价值，仅仅成为一种数学数值。

因此，在利润表编制过程中，我们可以依据各月转入本年利润的各损益类科目金额填列“本月数”，依据上月利润表的“累计数”加上本月利润表的“本月数”填列当月利润表的“累计数”。

我们也可以从账簿中的“本月合计”直接取值填列到利润表中的“本月数”；从账簿中的“本年累计”直接取值填列到利润表中的“累计数”。本书编制利润表时为了使读者能直观地学习，即采用了这一方法。

2. “本期数”及“累计数”的各栏次

利润表是反映企业一定时期经营成果的动态报表，因此，该栏内各项目一般根据账户的本期发生额分析填列。

利润表自上而下以收入为起点，分别计算出营业利润、利润总额、净利润和每股收益。其计算步骤为：

（1）将营业收入依次减去营业成本、营业税金及附加、三项期间费用、资产减值损失，然后依次加上公允价值变动损益、投资收益，得出营业利润。

（2）在营业利润的基础上，加上营业外收入，减去营业外支出，计算出利润总额。

（3）在利润总额的基础上，减去所得税费用，得出净利润。

（4）一般企业在计算出净利润后，利润表即编制完成。部分发行股票和债券的企业还要在净利润的基础上，除以在外发行的股数计算出每股的净利润，也就是基本每股收益和稀释每股收益。

13.3.3 利润表填列的具体说明

1. 营业收入

营业收入反映企业营业收入的发生净额。该项目应根据“主营业务收入”和“其他业务收入”科目的总分类账贷方发生额合计填列。

2. 营业成本

营业成本反映企业营业成本的发生净额。该项目应根据“主营业务成本”和“其他业务成本”科目的总分类账借方发生额合计填列。

3. 营业税金及附加

营业税金及附加反映企业营业税金及附加的发生净额。该项目应根据“营业税金及附加”科目的总分类账借方发生额直接取值填列。

4. 销售费用

销售费用反映企业销售费用的发生净额。该项目应根据“销售费用”科目的总分类账借方发生额直接取值填列。

5. 管理费用

管理费用反映企业管理费用的发生净额。该项目应根据“管理费用”科目的总分类账借方发生额直接取值填列。

6. 财务费用

财务费用反映企业财务费用的发生净额。该项目应根据“财务费用”科目的总分类账借方发生额直接取值填列。

7. 资产减值损失

资产减值损失反映企业因计提资产减值准备而确认的损失金额。该项目应根据“资产减值损失”科目的总分类账借方发生额直接取值填列。

8. 公允价值变动损益

公允价值变动损益反映企业确认的公允价值变动净收益（或净损失）。该项目应根据公允价值变动损益账户期末转入本年利润账户的余额填列，如为净损失则以“－”号填列。

9. 投资收益

投资收益反映企业确认的净投资收益（或净损失）。该项目应根据投资收益账户期末转入本年利润账户的余额填列，如为净损失则以“－”号填列。

10. 营业外收入

营业外收入反映企业营业外收入的发生净额。该项目应根据“营业外收入”科目的总分类账贷方发生额直接取值填列。

11. 营业外支出

营业外支出反映企业营业外支出的发生净额。该项目应根据“营业外支出”科目的总分类账借方发生额直接取值填列。

12. 所得税费

所得税费反映企业所得税费用的发生净额。该项目应根据“所得税费用”科目的总分类账借方发生额直接取值填列。

13. 基本每股收益

企业应当按照归属于普通股股东的当期净利润，除以发行在外普通股的加权平均数计算基本每股收益。该项目应根据“当期净利润”“发行在外的普通股加权平均数”分析计算填列。

14. 稀释每股收益

稀释每股收益是以基本每股收益为基础，假设企业所有发行在外的稀释性潜在普通股均已转换为普通股，从而分别调整归属于普通股股东的当期净利润以及发行在外普通股的加权平均数计算而得的每股收益，又称“冲淡每股收益”，是新会计准则所引入的一个全新概念，用来评价“潜在普通股”对每股收益的影响，以避免该指标虚增可能带来的信息误导。该项目应根据“基本每股收益”“可转换公司债券”“认股权证”“股份期权”等项目分析计算填列。

13.3.4 利润表填列示范

1. 基础资料

1）2012年的年度利润表。

利　润　表

编制单位：苏州江秀房地产开发有限公司　　2012年度　　单位：元

项　　目	本期金额	上期金额（略）
一、营业收入	8 216 000	
减：营业成本	5 213 000	
营业税金及附加	275 600	
销售费用	422 500	
管理费用	757 900	
财务费用	546 000	
资产减值损失		
加：公允价值变动收益（损失以"－"号填列）		
投资收益（损失以"－"号填列）		
其中：对联营企业和合营企业的投资收益		
二、营业利润（亏损以"－"号填列）	1 001 000	
加：营业外收入		
减：营业外支出		
其中：非流动资产处置损失		
三、利润总额（亏损总额以"－"号填列）	1 001 000	
减：所得税费用	282 500	
四、净利润（净亏损以"－"号填列）	718 500	
五、每股收益：	（略）	
（一）基本每股收益		
（二）稀释每股收益		
六、综合收益		
（一）其他综合收益		
（二）综合收益总额		

2）2013 年的年度科目汇总表。

科目汇总表

（损益类科目累计发生净额）

2013 年度　　单位：元

科目名称	借方发生额	贷方发生额
主营业务收入		10 985 000
主营业务成本	7 475 000	
营业税金及附加	378 560	
其他业务收入		390 000
其他业务成本	260 000	
销售费用	535 600	
管理费用	902 538	
财务费用	435 370	
资产减值损失	24 102	
投资收益		24 570
营业外收入		39 000
营业外支出	15 366	
所得税费用	352 534	

2. 利润表的填列

根据 2012 年的年度利润表、2013 年的年度科目汇总表，编制 2013 年年度利润表如下：

利　润　表

编制单位：苏州江秀房地产开发有限公司　　2013 年度　　单位：元

项　　目	本期金额	上期金额
一、营业收入	11 375 000	8 216 000
减：营业成本	7 735 000	5 213 000
营业税金及附加	378 560	275 600
销售费用	535 600	422 500
管理费用	902 538	757 900

续表

项　　目	本期金额	上期金额
财务费用	435 370	546 000
资产减值损失	24 102	
加：公允价值变动收益（损失以“-”号填列）		
投资收益（损失以“-”号填列）	24 570	
其中：对联营企业和合营企业的投资收益		
二、营业利润（亏损以“-”号填列）	1 518 400	1 001 000
加：营业外收入	39 000	
减：营业外支出	15 366	
其中：非流动资产处置损失		
三、利润总额（亏损总额以“-”号填列）	1 542 034	1 001 000
减：所得税费用	352 534	282 500
四、净利润（净亏损以“-”号填列）	1 189 500	718 500
五、每股收益：	（略）	
（一）基本每股收益		
（二）稀释每股收益		
六、综合收益		
（一）其他综合收益		
（二）综合收益总额		

13.4　现金流量表

现金流量表是反映企业一定会计期间现金和现金等价物（以下简称现金）流入和流出的报表。该表是以现金为基础编制的财务状况变动表，它表明企业获得现金的能力。通过现金流量表，可以为会计报表使用者提供企业一定期间现金流入和流出的信息，便于报表使用者了解和评价企业获取现金及现金等价物的能力，并据以预测企业未来的现金流量。

现金流量表中所指的现金是指企业库存现金以及可以随时用于支付的存款。在会计核算中与库存现金、银行存款、其他货币资金科目核算的内容基本一致。

现金流量表中所指的现金等价物是指企业持有的期限短、流动性高、易于转换为已知金额的现金，且价值变动风险很小的投资。主要标志是购入日至到期日在3个月或更短时间内转换为已知现金金额的投资。

13.4.1 现金流量表的内容与结构

1. 现金流量表的内容

企业一定期间内产生的现金流量按照经营业务发生的性质，分为经营活动产生的现金流量、投资活动产生的现金流量和筹资活动产生的现金流量三大类。

1）经营活动产生的现金流量。

经营活动产生的现金流量是指企业投资活动和筹资活动以外的所有交易和事项，包括销售商品或提供劳务、收到返还的税费、购买商品或接受劳务、经营性租赁、支付工资、支付广告宣传费、交纳税款等。经营活动产生的现金流量是企业通过运用所拥有的资产自身创造的现金流量，主要是与企业净利润有关的现金流量。

2）投资活动产生的现金流量。

投资活动产生的现金流量是指企业长期资产的购建和不包括在现金等价物范围内的投资及其处置活动，包括取得和收回的对外投资、购建和处置固定资产、无形资产等。

3）筹资活动产生的现金流量。

筹资活动产生的现金流量是指导致企业所有者权益及借款规模和构成发生变化的活动，包括吸收投入资本、发行股票、分配利润、取得和偿还银行借款、发行和偿还企业债券等。

2. 现金流量表的结构

现金流量表由正表和补充资料两部分构成。

1）正表。

正表采用报告式结构，按照现金流量的性质，依次分类反映。主要包括：经营活动产生的现金流量、投资活动产生的现金流量、筹资活动产生的现金流量、汇率变动对现金的影响和现金及现金等价物增加额。

2）补充资料。

补充资料是对正表进行的补充说明。主要包括：净利润调节为经营活动产生的现金流量、不涉及现金收支的投资活动和筹资活动、现金及现金等价物净增加情况。

13.4.2 现金流量表的编制方法

现金流量表是按收付实现制反映企业报告期内经营活动、投资活动、筹资活动的现金流动信息的会计报表。由于企业编制现金流量表之前的会计信息都是按权责发生制基础产生的，编制现金流量表的过程实际上是对这些会计信息重新整理的过程，这个过程的核心内容就是将权责发生制下的会计资料转换为按收付实现制表示的现金流动。

按照我国现行会计制度的规定，现金流量表的正表要求采用直接法填列。采用直接法时，有关企业现金流入和现金流出的信息可以直接从企业会计记录中获得，也可以在利润表中营业收入、营业成本等数据的基础上，通过调整有关资产负债表项目来获得。补充资料中要求采用间接法反映经营活动产生的现金流量，以与正表中按直接法反映的经营活动现金流量相核对并对其进行补充说明。

采用直接法编报的现金流量表，便于分析企业经营活动产生的现金流量的来源和用途，预测企业现金流量的未来前景；采用间接法编报现金流量表，便于将净利润与经营活动产生的现金流量净额进行比较，了解净利润与经营活动产生的现金流量差异的原因，从现金流量的角度分析净利润的质量。所以，我国企业会计准则规定企业应当采用直接法编报现金流量表，同时要求在附注中提供以净利润为基础调节到经营活动现金流量的信息。

1. 直接法

所谓“直接法”，是通过现金收入和现金支出的主要类别直接反映来自企业经营活动的现金流量的一种方法。采用直接法提供的信息有助于评价企业未来的现金流量。

在直接法下，一般是以利润表中的营业收入为起算点，调节与经营活动有关的项目的增减变动，然后计算出经营活动产生的现金流量。实务中，直接法下一般采用工作底稿法程序、T 型账户法程序和分析填列法程序进行编制。

1）工作底稿法程序。

采用工作底稿法编制现金流量表，是以工作底稿为手段，以资产负债表和利润表数据为基础，对每一项目进行分析并编制调整分录，从而编制现金流量表。

工作底稿法的程序是：

第一步，将资产负债表的期初数和期末数过入工作底稿的期初数栏和期末数栏。

第二步，对当期业务进行分析并编制调整分录。编制调整分录时，要以利润表项目为基础，从“营业收入”开始，结合资产负债表项目逐一进行分析。在调整分录中，有关现金和现金等价物的事项，并不直接借记或贷记现金，而是分别计入“经营活动产生的现金流量”“投资活动产生的现金流量”“筹资活动产生的现金流量”有关项目，借记表示现金流入，贷记表示现金流出。

第三步，将调整分录过入工作底稿中的相应部分。

第四步，核对调整分录，借方、贷方合计数均已经相等，资产负债表项目期初数加减调整分录中的借贷金额以后，也等于期末数。

第五步，根据工作底稿中的现金流量表项目部分编制正式的现金流量表。

2）T型账户法程序。

采用T型账户法编制现金流量表，是以T型账户为手段，以资产负债表和利润表数据为基础，对每一项目进行分析并编制调整分录，从而编制现金流量表。

T型账户法的程序是：

第一步，为所有的非现金项目（包括资产负债表项目和利润表项目）分别开设T型账户，并将各自的期末和期初变动数过入各该账户。如果项目的期末数大于期初数，则将差额过入和项目余额相同的方向；反之，过入相反的方向。

第二步，开设一个大的“现金及现金等价物”T型账户，每边分为经营活动、投资活动和筹资活动三个部分，左边记现金流入，右边记现金流出。与其他账户一样，过入期末和期初变动数。

第三步，以利润表项目为基础，结合资产负债表分析每一个非现金项目的增减变动情况，并据此编制调整分录。

第四步，将调整分录过入各T型账户中，并进行核对，该账户借贷相抵后的余额与原先过入的期末和期初变动数应当一致。

第五步，根据大的“现金及现金等价物”T型账户编制正式的现金流量表。

3）分析填列法。

分析填列法是直接根据资产负债表、利润表和有关会计科目明细账的记录，分析计算出现金流量表各项目的金额，并据以编制现金流量表的一种方法。

2. 间接法

所谓“间接法”，是以本期净利润为起算点，调整不涉及现金的收入、费用、营业外收支以及经营性应收应付等项目的增减变动，据此计算并列示出经营活动现金流量的一种方法。

在间接法下，将净利润调节为经营活动现金流量，实际上就是将按权责发生制原则确定的净利润调整为现金净流入，并剔除投资活动和筹资活动对现金流量的影响。

13.4.3 现金流量表填列的具体说明

1. 经营活动产生的现金流量

1）销售商品、提供劳务收到的现金。

销售商品、提供劳务收到的现金反映企业销售商品、提供劳务实际收到的现金，包括销售收入和应向购买者收取的增值税销项税额，具体包括：本期销售商品、提供劳务收到的现金，以及前期销售商品、提供劳务本期收到的现金和本期预收的款项，减去本期销售本期退回的商品和前期销售本期退回的商品支付的现金。

销售商品、提供劳务收到的现金项目 = 本期销售商品、提供劳务收到的现金 + 本期收到前期的应收账款 + 本期收到前期的应收票据 + 本期的预收账款 − 本期因销售退回而支付的现金 + 本期收回前期核销的坏账损失

2）收到的税费返还。

收到的税费返还反映企业收到返还的各种税费，如收到的增值税、营业税、所得税、消费税、关税和教育费附加返还款等。

实务中，可以从“营业外收入”“应交税费”“其他应收款”等科目的明细分类账，对照“银行存款”日记账取得。企业收到的税费返还业务，一般业务量较小，所以填列起来并不复杂。

3）收到的其他与经营活动有关的现金。

收到的其他与经营活动有关的现金反映企业收到的其他与经营活动有关的现金，如罚款收入、经营租赁固定资产收到的现金、投资性房地产收到的租金收入、流动资产损失中由个人赔偿的现金收入、除税费返还外的其他政府补助收入等。

实务中，可以从“其他业务收入”“营业外收入”“其他应收款”等科目的明细分类账，对照“银行存款”日记账、“库存现金”日记账取得。

4）购买商品、接受劳务支付的现金。

购买商品、接受劳务支付的现金反映企业购买材料、商品、接受劳务实际支付的现金，具体包括：本期购买商品、接受劳务支付的现金，以及本期支付前期购买商品、接受劳务的未付款项和本期预付款项，减去本期发生的购货退回收到的现金。

购买商品、接受劳务支付的现金项目 = 本期购买商品、接受劳务支付的现金 + 本期支付前期的应付票据 + 本期支付前期的应付账款 + 本期的预付账款 + 本期因购货退回而收到的现金

5）支付给职工以及为职工支付的现金。

支付给职工以及为职工支付的现金反映企业实际支付给职工的现金以及为职工支付的现金，包括本期实际支付给职工的工资、奖金、各种津贴和补贴等，以及为职工支付的其他费用，支付的离退休人员的各项费用和支付给在建工程人员的工资等。支付的离退休人员的各项费用，包括支付的统筹退休金以及未参加统筹的退休人员的费用，在“支付的其他与经营活动有关的现金”项目中反映；支付的在建工程人员的工资，在“购建固定资产、无形资产和其他长期资产所支付的现金”项目中反映。

6）支付的各项税费。

支付的各项税费反映企业按规定支付的各项税费，包括本期发生并支付的税费，以及本期支付以前各期发生的税费和预交的税金，如支付的教育费附加、矿产资源补偿费、印花税、房产税、土地增值税、车船使用税，预交的营业税等，计入固定资产价值、实际支付的耕地占用税等，本期退回的增值税、所得税。本期退回的增值税、

所得税在“收到的税费返还”项目中反映。

7）支付的与其他经营活动有关的现金。

支付的与其他经营活动有关的现金反映企业除上述各项目外，支付的其他与经营活动有关的现金，如罚款支出、支付的差旅费、业务招待费、保险费等。

支付的与其他经营活动有关的现金项目＝管理费用＋销售费用－支付给职工的工资薪金支出等－非现金支出的折旧等＋营业外支出中与其他经营活动有关的现金支出

2. 投资活动产生的现金流量

1）收回投资所收到的现金

收回投资所收到的现金反映企业出售、转让或到期收回除现金等价物以外的交易性金融资产、长期股权投资而收到的现金，以及收回可供出售金融资产、持有至到期金融资产本金而收到的现金和出售投资性房地产而收到的现金；不包括可供出售金融资产、持有至到期金融资产收回的利息，以及收回的非现金资产。

实务中，企业债权性投资和权益性投资业务量相对较小，可以从“交易性金融资产”“投资性房地产”“长期股权投资”“可供出售金融资产”和“持有至到期金融资产”账簿中对照“银行存款”日记账查阅。

2）取得投资收益所收到的现金。

取得投资收益所收到的现金反映企业权益性投资和债权性投资而取得的现金股利。包括从子公司、联营企业和合营企业分回利润收到的现金，以及因债权性投资收到的现金利息收入。

实务中，企业债权性投资和权益性投资业务量相对较小，可以从“长期股权投资”“可供出售金融资产”和“持有至到期金融资产”以及“投资收益”账簿中对照“银行存款”日记账查阅。

3）处置固定资产、无形资产和其他长期资产而收回的现金。

处置固定资产、无形资产和其他长期资产收回的现金反映企业出售固定资产、无形资产和其他长期资产所取得的现金，减去为处置这些资产而支付的有关费用后的净额。处置固定资产、无形资产和其他长期资产所收到的现金，与处置活动支付的现金，两者在时间上比较接近，以净额反映更能反映处置活动对现金流量的影响，且由于金额不大，故以净额反映。由于自然灾害等原因所造成的固定资产等长期资产的报废、毁损而收到的保险赔偿收入，也在本项目中反映。固定资产报废、毁损的变卖收益以及遭受灾害而收到的保险赔偿收入等，也包括在本项目中。如处置固定资产、无形资产和其他长期资产所收回的现金净额为负数，则应作为投资活动产生的现金流量，在“支付的其他与投资活动有关的现金”项目中反映。

实务中，企业处置固定资产、无形资产和其他长期资产为非日常业务，所以业务量相对较小，可以从“固定资产清理”“营业外收入”和“营业外支出”以及相关资产账簿中对照“银行存款”“库存现金”日记账查阅。

4）收到的其他与投资活动有关的现金。

收到的其他与投资活动有关的现金反映企业除上述各投资项目外，收到的其他与投资活动有关的现金。其他与投资活动有关的现金，价值较大的，应单独列示现金流量项目反映。实务中，本项目可根据处置有关资产的科目记录分析查阅填列。

5）购建固定资产、无形资产和其他长期资产所支付的现金。

购建固定资产、无形资产和其他长期资产所支付的现金反映企业购买、建造固定资产，取得无形资产和其他长期资产所支付的现金，包括购买机器设备所支付的现金及增值税款、建造工程支付的现金、支付在建工程人员的工资等现金支出；不包括为购建固定资产而发生的借款利息资本化部分，以及融资租入固定资产所支付的租赁费。

为购建固定资产而发生的借款利息资本化部分，以及融资租入固定资产所支付的租赁费，应在“筹资活动产生的现金流量——支付的其他与筹资活动有关的现金”项目中反映，不在本项目中反映。企业以分期付款方式购建的固定资产，其首次付款支付的现金在本项目中反映，以后各期支付的现金在“筹资活动产生的现金流量——支付的其他与筹资活动有关的现金”项目中反映。

6）投资所支付的现金。

投资所支付的现金反映企业进行权益性投资和债权性投资所支付的现金，包括企业取得的除现金等价物以外的短期股票投资、短期债券投资、长期股权投资、长期债权投资支付的现金，以及支付的佣金、手续费等附加费用。企业购买债券的价款中含有债券利息的，以及溢价或折价购入的，均按实际支付的金额反映。

企业购买股票和债券时，实际支付的价款中包含的已宣告但尚未领取的现金股利或已到付息期但尚未领取的债券利息，应在“支付的其他与投资活动有关的现金”项目中反映；收回购买股票和债券时支付的已宣告但尚未领取的现金股利或已到付息期但尚未领取的债券利息，应在“收到的其他与投资活动有关的现金”项目中反映。

7）支付的其他与投资活动有关的现金。

支付的其他与投资活动有关的现金反映企业除上述各投资项目外支付的其他与投资活动有关的现金。其他与投资活动有关的现金，如果价值较大的，应单独列示现金流量项目反映。实务中，本项目可根据有关投资资产的科目记录分析查阅填列。

3. 筹资活动产生的现金流量

1）吸收投资所收到的现金。

吸收投资所收到的现金反映企业以发行股票、债券等方式筹集资金实际收到的款项净额（发行收入减去支付的佣金等发行费用后的净额）。

以发行股票、债券等方式筹集资金而由企业直接支付的审计、咨询等费用，不在本项目中反映，而在“支付的其他与筹资活动有关的现金”项目中反映；由金融企业直接支付的手续费、宣传费、咨询费、印刷费等费用，从发行股票、债券取得的现金收入中扣除，以净额列示。

2）借款所收到的现金。

借款所收到的现金反映企业举借各种短期、长期借款而收到的现金。实务中，上述资料示例中的数据，可以从“短期借款”和“长期借款”相关资产账簿中对照“银行存款”日记账查阅分析填列。

3）收到的其他与筹资活动有关的现金。

收到的其他与筹资活动有关的现金反映企业除上述各项目外收到的其他与筹资活动有关的现金。其他与筹资活动有关的现金，如果价值较大的，应单独列示现金流量项目反映。实务中，本项目可根据有关筹资负债类的科目记录分析查阅填列。

4）偿还债务所支付的现金。

偿还债务所支付的现金反映企业以现金偿还债务的本金，包括：归还金融企业的借款本金、偿付企业到期的债券本金等。企业偿还的借款利息、债券利息，在“分配股利、利润或偿付利息所支付的现金”项目中反映，不在本项目中反映。实务中，可以从“短期借款”和“长期借款”相关资产账簿中对照“银行存款”日记账查阅分析填列。

5）分配股利、利润或偿付借款利息所支付的现金。

分配股利、利润或偿付借款利息所支付的现金反映企业实际支付的现金股利、支付给其他投资单位的利润或用现金支付的借款利息、债券利息所支付的现金。实务中，上述资料示例中的数据，可以从“财务费用”“应付股利”“应付利润”和计入“在建工程”等相关资产账簿中的利息对照“银行存款”日记账查阅分析填列。

6）支付的其他与筹资活动有关的现金。

支付的其他与筹资活动有关的现金反映企业除上述各项目外支付的其他与筹资活动有关的现金。例如“发生筹资费用所支付的现金”“融资租赁所支付的现金”“减少注册资本所支付的现金”项目，在“支付的其他与筹资活动有关的现金”项目中反映。其他与筹资活动有关的现金，如果价值较大的，应单列项目反映。

13.4.4 现金流量表填列示范

苏州江秀房地产开发有限公司的资产负债表、利润表、科目余额表、科目汇总表参照本章前几节内容，在此不再逐一列示。

根据上述资料，查阅相关账户明细，填列现金流量表如下：

现金流量表

编制单位：苏州江秀房地产开发有限公司　　2013 年　　单位：元

项　　目	本期金额	上期金额（略）
一、经营活动产生的现金流量：		
销售商品、提供劳务收到的现金	7 523 750	
收到的税费返还	0	
收到其他与经营活动有关的现金	0	
经营活动现金流入小计	7 523 750	
购买商品、接受劳务支付的现金	6 805 968	
支付给职工以及为职工支付的现金	234 000	
支付的各项税费	136 268	
支付其他与经营活动有关的现金	62 400	
经营活动现金流出小计	7 238 636	
经营活动产生的现金流量净额	285 114	
二、投资活动产生的现金流量：		
收回投资收到的现金	12 870	
取得投资收益收到的现金	23 400	
处置固定资产、无形资产和其他长期资产收回的现金净额	234 234	
处置子公司及其他营业单位收到的现金净额	0	
收到其他与投资活动有关的现金	0	
投资活动现金流入小计	270 504	
购建固定资产、无形资产和其他长期资产支付的现金	468 780	
投资支付的现金	0	
取得子公司及其他营业单位支付的现金净额	0	
支付其他与投资活动有关的现金	0	
投资活动现金流出小计	468 780	
投资活动产生的现金流量净额	－198 276	
三、筹资活动产生的现金流量：		
吸收投资收到的现金	0	
取得借款收到的现金	3 030 000	
收到其他与筹资活动有关的现金	0	
筹资活动现金流入小计	3 030 000	
偿还债务支付的现金	3 180 000	
分配股利、利润或偿付利息支付的现金	397 950	

续表

项　　目	本期金额	上期金额（略）
支付其他与筹资活动有关的现金	0	
筹资活动现金流出小计	3 577 950	
筹资活动产生的现金流量净额	－547 950	
四、汇率变动对现金及现金等价物的影响	0	
五、现金及现金等价物净增加额	－461 112	
加：期初现金及现金等价物余额	629 6914	
六、期末现金及现金等价物余额	5 835 802	

现金流量表补充资料

补充资料	本期金额	上期金额（略）
1. 将净利润调节为经营活动现金流量：		
净利润	1 189 500	
加：资产减值准备	24 102	
固定资产折旧、油气资产折耗、生产性生物资产折旧	78 000	
无形资产摊销	46 800	
长期待摊费用摊销	0	
处置固定资产、无形资产和其他长期资产的损失（收益以“－”号填列）	－39 000	
固定资产报废损失（收益以“－”号填列）	15 366	
公允价值变动损失（收益以“－”号填列）	0	
财务费用（收益以“－”号填列）	8 970	
投资损失（收益以“－”号填列）	－24 570	
递延所得税资产减少（增加以“－”号填列）	－1 950	
递延所得税负债增加（减少以“－”号填列）	0	
存货的减少（增加以“－”号填列）	74 334	
经营性应收项目的减少（增加以“－”号填列）	－61 360	
经营性应付项目的增加（减少以“－”号填列）	－1 282 078	
其他	0	
经营活动产生的现金流量净额	285 114	
2. 不涉及现金收支的重大投资和筹资活动：		

13.5 所有者权益变动表

所有者权益变动表是反映构成所有者权益的各组成部分当期的增减变动情况的报表。

通过对房地产企业所有者权益变动表的阅读，我们可以全面了解企业一定时期所有者权益变动的情况，获知所有者权益总量的增减变动和所有者权益的重要结构性信息，特别是利润分配的情况和直接计入所有者权益的利得、损失，掌握所有者权益增减变动的根源。

13.5.1 所有者权益变动表的内容与结构

1. 所有者权益变动表的内容

在所有者权益变动表中，企业至少要单独列示反映下列信息的项目：

（1）净利润；

（2）直接计入所有者权益的利得和损失项目及其总额；

（3）会计政策变更和差错更正的累积影响金额；

（4）所有者投入的资本和向所有者分配的利润等；

（5）提取的盈余公积；

（6）实收资本（或股本）、资本公积、盈余公积、未分配利润的期初和期末余额及其调节情况。

2. 所有者权益变动表的格式

为了清楚地表明构成所有者权益的各组成部分当期的增减变动情况，所有者权益变动表应以矩阵的形式列示。一方面，列示导致所有者权益变动的交易或事项，改变以往仅仅按照所有者权益的各组成部分反映所有者权益变动情况的做法，按所有者权益变动的来源对一定时期所有者权益变动情况进行全面反映；另一方面，按照所有者权益各组成部分（包括实收资本、资本公积、盈余公积、未分配利润和库存股）及其总额列示交易或事项对所有者权益的影响。

根据财务报表列报准则的规定，企业需要提供比较所有者权益变动表，因此，所有者权益变动表还就各项目再分为“本年金额”和“上年金额”两栏分别填列。

13.5.2 所有者权益变动表的填列方法

1. 所有者权益变动表的项目说明

1）“上年年末余额”项目。

“上年年末余额”项目，反映企业上年资产负债表中实收资本（或股本）、资本公积、盈余公积、未分配利润的年末余额。

2）“会计政策变更”和“前期差错更正”项目。

“会计政策变更”和“前期差错更正”项目，分别反映企业采用追溯调整法处理的会计政策变更的累积影响金额和采用追溯重述法处理的会计差错更正的累积影响金额。为了体现会计政策变更和前期差错更正的影响，企业应当在上期期末所有者权益余额的基础上进行调整得出本期期初所有者权益，根据“盈余公积”“利润分配”“以前年度损益调整”等科目的发生额分析填列。

3）“本年增减变动额”项目。

“本年增减变动额”项目分别反映如下内容：

第一，“净利润”项目，反映企业当年实现的净利润（或净亏损）金额，并对应列在“未分配利润”栏。

第二，“直接计入所有者权益的利得和损失”项目，反映企业当年直接计入所有者权益的利得和损失的金额。

“可供出售金融资产公允价值变动净额”项目，反映企业持有的可供出售金融资产公允价值变动金额，并对应列在“资本公积”栏。

“权益法下被投资单位其他所有者权益变动的影响”项目，反映企业对按照权益法核算的长期股权投资，在被投资单位除当年实现的净损益以外其他所有者权益当年变动中应享有的份额，并对应列在“资本公积”栏。

“与计入所有者权益项目相关的所得税影响”项目，反映企业应计入所有者权益项目当年的所得税影响金额，并对应列在“资本公积”栏。

第三，“所有者投入和减少资本”项目，反映企业当年所有者投入的资本和减少的资本。

“所有者投入资本”项目，反映企业接受投资者投入形成的实收资本（或股本）和资本溢价或股本溢价，并对应列在”实收资本”和”资本公积”栏。

“股份支付计入所有者权益的金额”项目，反映企业处于等待期中的权益结算的股份支付当年计入资本公积的金额，并对应列在”资本公积”栏。

第四，“利润分配”下各项目，反映当年对所有者（或股东）分配的利润（或股利）金额和按照规定提取的盈余公积金额，并对应列在“未分配利润”和“盈余公积”栏。

“提取盈余公积”项目，反映企业按照规定提取的盈余公积。

“对所有者（或股东）的分配”项目，反映对所有者（或股东）分配的利润（或股利）金额。

第五，“所有者权益内部结转”下各项目，反映不影响当年所有者权益总额的所有者权益各组成部分之间当年的增减变动，包括资本公积转增资本（或股本）、盈余公积转增资本（或股本）、盈余公积弥补亏损等金额。为了全面反映所有者权益各组成部分的增减变动情况，所有者权益内部结转也是所有者权益变动表的重要组成部分，主要指不影响所有者权益总额、所有者权益的各组成部分当期的增减变动。

“资本公积转增资本（或股本）”项目，反映企业以资本公积转增资本或股本的金额。

“盈余公积转增资本（或股本）”项目，反映企业以盈余公积转增资本或股本的金额。

“盈余公积弥补亏损”项目，反映企业以盈余公积弥补亏损的金额。

2. 所有者权益变动表的栏次说明

1）上年金额栏。

所有者权益变动表“上年金额”栏内各项数字，应根据上年度所有者权益变动表“本年金额”栏内所列数字填列。如果上年度所有者权益变动表规定的各个项目的名称和内容同本年度不相一致，应对上年度所有者权益变动表各项目的名称和数字按本年度的规定进行调整，填入所有者权益变动表“上年金额”栏内。

2）本年金额栏。

所有者权益变动表“本年金额”栏内各项数字一般应根据“实收资本（或股本）”“资本公积”“盈余公积”“利润分配”“库存股”“以前年度损益调整”等科目的发生额分析填列。企业的净利润及其分配情况作为所有者权益变动的组成部分，不需要单独设置净利润分配表列示。

13.5.3 所有者权益变动表填列示范

苏州江秀房地产开发有限公司的资产负债表、利润表、科目余额表、科目汇总表参照本章前几节内容，在此不再逐一列示。

根据上述资料，查阅相关账户明细，填列所有者权益变动表如下：

所有者权益变动表

编制单位:苏州江秀房地产开发有限公司　　　　2013 年度　　　　单位:元

项目	行次	本年金额								本年金额							
		归属于母公司所有者权益						少数股东权益	所有者权益合计	归属于母公司所有者权益						少数股东权益	所有者权益合计
		实收资本(或股本)	资本公积	减:库存股	盈余公积	未分配利润	小计			实收资本(或股本)	资本公积	减:库存股	盈余公积	未分配利润	小计		
栏次		1	2	3	4	5	6	7	8	1	2	3	4	5	6	7	8
一、上年年末余额	1	30 000 000	0		78 000	39 000	30 117 000		30 117 000								
加:会计政策变更	2																
前期差错更正	3																
二、本年年初余额	4	30 000 000	0		78 000	39 000	30 117 000		30 117 000								
三、本年增减变动金额(减少以“-”号填列)	5				19 321	131 050	150 371		150 371								
(一)净利润	6					1 189 500	1 189 500		1 189 500								
(二)直接计入所有者权益的利得和损失	7																
1. 可供出售金融资产公允价值变动净额	8																

续表

项目	行次	本年金额								本年金额							
		归属于母公司所有者权益						少数股东权益	所有者权益合计	归属于母公司所有者权益						少数股东权益	所有者权益合计
		实收资本（或股本）	资本公积	减:库存股	盈余公积	未分配利润	小计			实收资本（或股本）	资本公积	减:库存股	盈余公积	未分配利润	小计		
2. 权益法下被投资单位其他所有者权益变动的影响	9																
3. 与计入所有者权益项目有关的所得税影响	10																
4. 其他	11																
净利润及直接计入所有者权益的利得和损失小计	12					1 189 500	1 189 500		1 189 500								
（三）所有者投入和减少资本	13																
1. 所有者投入资本	14																
2. 股份支付计入所有者权益的金额	15																
3. 其他	16																
（四）利润分配	20																

续表

项目	行次	本年金额								本年金额							
		归属于母公司所有者权益						少数股东权益	所有者权益合计	归属于母公司所有者权益						少数股东权益	所有者权益合计
		实收资本（或股本）	资本公积	减:库存股	盈余公积	未分配利润	小计			实收资本（或股本）	资本公积	减:库存股	盈余公积	未分配利润	小计		
1. 提取盈余公积	21				19 321	−19 321											
其中:法定公积金	22																
任意公积金	23																
2 对所有者（或股东）的分配	28					−1 039 129			−1 039 129								
3 其他	29																
（五）所有者权益内部结转	30																
1. 资本公积转增资本（或股本）	31																
2. 盈余公积转增资本（或股本）	32																
3. 盈余公积弥补亏损	33																
4. 其他	34																
四、本年年末余额	35	30 000 000			97 321	170 050	30 267 371		30 267 371								

13.6 会计报表附注

附注是财务报表不可或缺的组成部分，是对在资产负债表、利润表、现金流量表和所有者权益变动表等报表中列示项目的文字描述或是其明细资料，以及对未能在这些报表中列示项目的说明等。

财务报表中的数字是经过分类与汇总后的结果，是对企业发生的经济业务的高度简化和浓缩的数字，如没有形成这些数字所使用的会计政策、理解这些数字所必需的披露，财务报表就不可能充分发挥效用。因此，附注与资产负债表、利润表、现金流量表、所有者权益变动表等报表具有同等的重要性，是财务报表的重要组成部分。报表使用者了解企业的财务状况、经营成果和现金流量，应当全面阅读附注。

13.6.1 会计报表附注披露的基本要求

（1）附注披露的信息应是定量、定性信息的结合，能从数量和质量两个角度对企业经济事项完整地进行反映，满足信息使用者的决策需求。

（2）附注应当按照一定的结构进行系统合理的排列和分类，有顺序地披露信息。由于附注的内容繁多，因此更应按逻辑顺序排列，分类披露，条理清晰，具有一定的组织结构，以便于使用者理解和掌握，也更好地实现财务报表的可比性。

（3）附注相关信息应当与资产负债表、利润表、现金流量表和所有者权益变动表等报表中列示的项目相互参照，以有助于使用者联系相关联的信息，并由此从整体上更好地理解财务报表。

13.6.2 会计报表附注披露的内容

附注应当按照如下顺序披露有关内容：

1. 企业的基本情况

1）企业注册地、组织形式和总部地址。

2）企业的业务性质和主要经营活动，如企业所处的行业、所提供的主要产品或服务、客户的性质、销售策略、监管环境的性质等。

3）母公司以及集团最终母公司的名称。

4）财务报告的批准报出者和财务报告批准报出日，按照有关法律、行政法规等规定，企业所有者或其他方面有权对报出的财务报告进行修改的事实。

2. 财务报表的编制基础

财务报表的编制基础包括：会计年度、记账本位币、会计计量所运用的计量基础以及现金和现金等价物的构成。

3. 遵循企业会计准则的声明

企业应当声明编制的财务报表符合企业会计准则的要求，真实、完整地反映了企业的财务状况、经营成果和现金流量等有关信息，以此明确企业编制财务报表所依据的制度基础。如果企业编制的财务报表只是部分地遵循了企业会计准则，附注中不得作出这种表述。

4. 重要会计政策和会计估计

根据财务报表列报准则的规定，企业应当披露采用的重要会计政策和会计估计，不重要的会计政策和会计估计可以不披露。

1）重要会计政策的说明。

企业在发生某项交易或事项允许选用不同的会计处理方法时，应当根据准则的规定从允许的会计处理方法中选择适合本企业特点的会计政策。比如，存货的计价可以选择先进先出法、加权平均法和个别计价法等。为了有助于报表使用者理解，有必要对这些会计政策加以披露，包括：

（1）财务报表项目的计量基础。会计计量属性包括历史成本、重置成本、可变现净值、现值和公允价值，这直接显著影响报表使用者的分析，这项披露要求便于使用者了解企业财务报表中的项目是按何种计量基础予以计量的，如存货是按成本还是可变现净值计量等。

（2）会计政策的确定依据。主要是指企业在运用会计政策过程中所作的对报表中确认的项目金额最具影响的判断。例如，企业应当根据本企业业务的实际情况说明确定金融资产分类的判断标准等。这些判断对在报表中确认的项目金额具有重要影响。因此，这项披露要求有助于使用者理解企业选择和运用会计政策的背景，增加财务报表的可理解性。

2）重要会计估计的说明。

财务报表列报准则强调了对会计估计不确定因素的披露要求，企业应当披露会计估计中所采用的关键假设和不确定因素的确定依据，这些关键假设和不确定因素在下一会计期间内很可能导致对资产、负债账面价值进行重大调整。

在确定报表中确认的资产和负债的账面金额过程中，企业有时需要对不确定的未来事项在资产负债表日对这些资产和负债的影响加以估计。例如，固定资产可收回金额的计算需要根据其公允价值减去处置费用后的净额与预计未来现金流量的现值两者之间的较高者确定，在计算资产预计未来现金流量的现值时需要对未来现金流量进行预测，并选择适当的折现率，应当在附注中披露未来现金流量预测所采用的假设及其依据、所选择的折现率为什么是合理的等等。又如，为正在进行中的诉讼确认预计负债时最佳估计数的确定依据等。这些假设的变动对这些资产和负债项目金额的确定影响很大，有可能会在下一个会计年度内作出重大调整。因此，强调这一披露要求，有助于提高财务报表的可理解性。

3）会计政策和会计估计变更以及差错更正的说明。

企业应当按照《企业会计准则第28号——会计政策、会计估计变更和差错更正》及其应用指南的规定，披露会计政策和会计估计变更以及差错更正的有关情况。

会计政策、会计估计及会计差错更正的披露，是财务报表附注的重要内容。企业采用不同的会计政策、运用不同的会计估计方法以及会计差错更正方法，将产生不同的会计报告结果，因此，会计政策、会计估计及会计差错更正的披露，有助于使用者对财务报表提供的信息作出正确的判断。企业在附注中，应本着重要性原则，披露重要的会计政策和会计估计，并披露会计差错更正的相关信息。

（1）企业应当披露的重要会计政策包括：发出存货成本的计量、长期股权投资的后续计量、投资性房地产的后续计量、固定资产的初始计量、生物资产的初始计量、无形资产的确认、非货币性资产交换的计量、收入的确认、合同收入与费用的确认、借款费用的处理、合并政策、其他重要会计政策。

（2）企业在变更会计政策后，除按照相关规定采用追溯调整法或未来适用法进行会计处理之外，还应在附注中披露与会计政策变更有关的信息，应披露的信息包括：会计政策变更的性质、内容和原因；当期和各个列报前期财务报表中受影响的项目名称和调整金额；无法进行追溯调整的，说明该事实和原因以及开始应用变更后的会计政策的时点、具体应用情况。

4）企业应当披露的重要会计估计。

企业应当披露的重要会计估计，包括：

（1）存货可变现净值的确定。

（2）采用公允价值模式下的投资性房地产公允价值的确定。

（3）固定资产的预计使用寿命与净残值、固定资产的折旧方法。

（4）生物资产的预计使用寿命与净残值、各类生产性生物资产的折旧方法。

（5）使用寿命有限的无形资产预计使用寿命与净残值。

（6）可回收金额按照资产组的公允价值减去处置费用后的净额确定的，确定公允价值减去处置费用后的净额的方法；可回收金额按照资产组预计未来现金流量的现值确定的，预计未来现金流量及其折现率的确定。

（7）合同完工进度的确定。

（8）权益工具公允价值的确定。

（9）债务人债务重组中转让的非现金资产的公允价值、由债务转成的股份的公允价值和修改其他债务条件后债务的公允价值的确定；债权人债务重组中受让的非现金资产的公允价值、由债权转成的股份的公允价值和修改其他债务条件后债券的公允价值的确定。

（10）预计负债初始计量的最佳估计数的确定。

（11）金融资产公允价值的确定。

（12）承租人对未确认融资费用的分摊、出租人对未实现融资收益的分配。

（13）探明矿区权益、井及相关设施的折耗方法，与油气开采活动相关的辅助设备及设施的折旧方法。

（14）非同一控制下企业合并成本的公允价值的确定。

（15）其他重要会计估计。

5）会计估计变更后，除按照相关规定采用未来适用法进行会计处理之外，还应在附注中披露与会计估计变更有关的信息，应披露的信息包括：会计估计变更的内容和原因；会计估计变更对当期和未来期间的影响数；会计估计变更的影响数不能确定的，披露这一事实和原因。

6）前期会计差错，通常包括计算错误、应用会计政策错误、疏忽或曲解事实以及舞弊产生的影响以及存货、固定资产盘盈等。企业除应当按照规定的会计处理方法进行更正，并根据需要调整相应报告数据之外，还应在附注中披露与前期差错更正有关的信息，应披露的信息包括：

（1）前期差错的性质。

（2）各个列报前期财务报表中受影响的项目名称和更正金额。

（3）无法进行追溯重述的，说明该事实和原因以及对前期差错开始进行更正的时点、具体更正情况。

5. 报表重要项目的说明

企业应当以文字和数字描述相结合、尽可能以列表形式披露报表重要项目的构成或当期增减变动情况，并且报表重要项目的明细金额合计，应当与报表项目金额相衔接。在披露顺序上，一般应当按照资产负债表、利润表、现金流量表、所有者权益变动表的顺序及其项目列示的顺序进行披露。

13.6.3 会计报表附注的编制示范

二、附注的编制

苏州江秀房地产开发有限公司的资产负债表、利润表、科目余额表、科目汇总表、现金流量表参照本章前几节的内容，在此不再逐一列示。

会计准则对附注的编制仅仅做了基本要求，对其内容和编制格式没有具体的要求，本书根据基本要求和一般编制格式，结合苏州江秀房地产开发有限公司的相关资料，附注编制如下：

苏州江秀房地产开发有限公司会计报表附注

2013 年 12 月 31 日

附注一、公司简介

苏州江秀房地产开发有限公司（以下简称“本公司”）于 2005 年 12 月 1 日经国家工商行政管理局批准注册成立。企业法人营业执照注册号：××××××××××，法定代表人：×××，注册资金：3000 万元。经营范围：房地产开发、建筑材料销售。

附注二、主要会计政策

1. 会计制度：执行《小企业会计准则》及其补充规定。

2. 会计期间：会计年度为公历每年 1 月 1 日至 12 月 31 日。

3. 记账本位币：人民币。

4. 记账基础和计价原则：以权责发生制为记账基础；除应收账款、其他应收款、短期投资、长期投资、固定资产、在建工程、无形资产按计提相应准备后以净额列示外，其他资产和负债计价均采用历史成本为计价原则。

5. 记账方法：采用借贷复式记账法。

6. 现金等价物的确认标准：持有期限短、流动性强、易于转化为已知金额现金、价值变动风险很小的短期投资。

7. 外币业务核算方法：公司对年度内发生的外币业务，采用业务发生当日的市场汇率折合为人民币入账；月末对外币账户余额按月末市场汇率的中间价调整，由此产生的汇兑损益，与购建固定资产有关的在固定资产交付使用前计入固定资产，除此之外计入当期财务费用。

8. 合并会计报表编制方法。

（1）编制方法：根据财政部财会字（1995）11 号《关于印发〈合并会计报表暂行规定〉的通知》的规定，以公司本部和纳入合并范围的子公司的会计报表以及其他有关资料为依据，合并各项目数额编制而成。合并时，公司的重大内部交易和资金往来均相互抵消。

（2）对行业特殊及子公司规模较小，符合财政部财会二字（1999）2 号《关于合并会计报表合并范围请示的复函》文件的规定，则不予合并。

9. 坏账损失的核算方法。

（1）坏账的确认标准：因债务人撤销、破产，依照法律清偿程序后确实无法收回的应收款项；因债务人死亡，既无遗产可清偿，又无义务承担人，确实无法收回的应收款项；因债务人逾期未履行偿债义务超过五年，确实无法收回的应收款项。

（2）坏账损失的核算方法：采用备抵法核算。坏账损失发生时，由公司经理提交书面材料，按照公司管理权限，由董事会或股东大会批准后，冲销已提取的坏账准备。

（3）坏账准备的计提方法和计提比例：个别计提法。

10. 存货的核算方法。

（1）存货是指本公司在生产经营过程中为销售或者耗用而储备的原材料、开发产品、开发成本、低值易耗品及发出商品等项目。外购存货按实际成本计价。

（2）存货的盘存制度为永续盘存制。

（3）原材料按实际成本核算，发出计价按加权平均法。

（4）开发产品按实际成本计价，发出计价按加权平均法。

（5）低值易耗品采用五五摊销法进行摊销。

11. 长期投资核算方法。

（1）长期股权投资的核算方法：长期股权投资的计价及收益确认方法：长期股权投资取得时的成本，为取得长期股权投资时支付的全部价款，或放弃非现金资产的公允价值，或取得长期股权投资的公允价值，包括税金、手续费等相关费用。公司对其他单位的投资占该单位有表决权资本总额20%以下，或对其他单位的投资虽占该单位有表决权资本总额20%或20%以上，但不具有控制权或重大影响的，采用成本法核算；公司对其他单位的投资占该单位有表决权资本总额20%或20%以上，或虽投资不足20%但有控制权或重大影响的，采用权益法核算。公司对其他单位的投资占该单位有表决权资本总额50%以上的，编制合并会计报表。若对被投资单位有其他额外的责任（如提供担保），投资账面价值不以减记至零为限。

股权投资差额的摊销方法：合同规定了投资期限的，按投资期限摊销；新制度解释二颁布后发生的合同没有规定投资期限的，借方差额在10年内平均摊销，贷方差额记入资本公积。

（2）长期债权投资的核算方法。

长期债权投资的计价及收益确认方法：长期债权投资取得时的成本为取得长期债权投资时支付的全部价款，包括税金、手续费等相关费用。

长期债权投资按期计提利息，计提的利息按债权面值以及票面利率或合同规定的利率计算，并计入当期投资收益。

（3）长期投资减值准备的确认标准、计提方法：对由于市价持续下跌或被投资单位经营状况变化等原因导致其可收回金额低于投资的账面价值，并且降低的价值在可预计的未来期间内不可恢复的，将可收回金额低于长期投资账面价值的差额，计提长期股权投资减值准备。已确认损失的长期股权投资价值又得以恢复的，在原已确认的投资损失金额内转回。

12. 固定资产及累计折旧的核算方法。

（1）固定资产的标准：指使用年限在1年以上的房屋及建筑物、通用设备、专用设备、运输工具以及其他与生产、经营有关的设备、器具、工具等；不属于生产、经营主要设备的物品，单位价值 2000 元以上，并且使用年限超过二年的，也作为固定资产。

（2）固定资产按实际成本计价。

（3）固定资产折旧采用直线法计算，根据固定资产类别、预计经济使用年限和预计净残值率确定折旧率。各类固定资产的折旧年限和年折旧率如下：

固定资产的类别	折旧年限（年）	年折旧率（%）
房屋建筑物	20	4.5
机器设备	10	9
运输工具	10	9
办公设备	5	18
其他	5	18

（4）固定资产减值准备：按固定资产的可收回金额低于其账面净值的差额计提固定资产减值准备。对存在下列情况之一者全额计提固定资产减值准备：

①长期闲置不用，在可预见的未来不会再使用，且无转让价值的固定资产。

②由于技术进步等原因，已不可使用的固定资产。

③虽然固定资产尚可使用，但使用后产生大量不合格品的固定资产。

④已遭毁损，以致于不再具有使用价值和转让价值的固定资产。

⑤其他实质上已经不能再给公司带来经济利益的固定资产。

13. 无形资产的计价和摊销方法。

（1）无形资产的计价：以取得时的实际成本计价入账。

（2）无形资产的摊销方法：合同规定了收益年限的，按不超过收益年限的期限摊销；合同未规定收益年限的而法律规定了有效年限的，按不超过法律规定的有效年限的期限摊销；合同未规定收益年限且法律也未规定有效年限的，按不超过 10 年的期限摊销。

（3）无形资产减值准备：按无形资产的可收回金额低于账面价值的差额计提无形资产减值准备。

14. 开办费：于开业当月一次计入当期损益。

15. 长期待摊费用：本公司的长期待摊费用在受益期内平均摊销。但固定资产大修理支出在大修理间隔期内平均摊销；租入固定资产改良支出在租赁期与租赁资产尚可使用年限两者孰短的期限内平均摊销；筹建期间内发生的费用于开始生产经营的当月起一次计入开始生产经营的当月的损益。

16. 借款费用的会计处理方法：公司发生的借款费用在符合《企业会计准则——借款费用》规定的资本化条件的情况下，应当予以资本化，计入该项资产成本；其他借款费用于发生当期确认为费用。

17. 收入确认的方法。

（1）销售商品：公司已将商品所有权上的重要风险和报酬转移给买方；公司不再对该商品实施继续管理权和实际控制权，与交易相关的经济利益能够流入企业；相关的收入和成本能够可靠地计量时，确认营业收入的实现。

（2）提供劳务：在同一年度内开始并完成，在劳务已经提供，收到价款或取得收取价款的依据时，确认劳务收入的实现；如劳务的开始和完成分属不同的会计年度，在提供劳务交易的结果能够可靠估计的情况下，在资产负债表日按完工百分比法确认相关的劳务收入。

（3）他人使用本企业资产：与交易相关的经济利益能够流入企业，收入的金额能可靠地计量时确认为收入。

18. 所得税的会计处理方法：所得税的会计处理采用应付税款法。

19. 利润分配：公司按税后累计净利润的 10% 提取盈余公积。

附注三、税项

增值税	按销售应税产品收入的 17% 计算销项税额
营业税	按销售应税产品收入的 5% 计算缴纳营业税
所得税	公司按过渡期 25% 的税率计缴所得税
其他税项	按国家和地方有关规定计算缴纳

附注四、会计报表主要项目注释

会计报表主要项目注释（略）。

13.7 财务情况说明书

财务情况说明书是对单位一定会计期间内财务、成本等情况进行分析总结的书面文字报告，也是财务会计报告的重要组成部分。财务报告说明书全面提供公司、企业和其他单位生产经营、业务活动情况，分析总结经营业绩和存在问题及不足，是企业财务会计报告使用者，特别是单位负责人和国家宏观管理部门了解和考核各单位生产经营和业务活动开展情况的重要资料。

房地产企业相对其他企业而言，资金使用量大，产品生产周期长。住房建设往往跨几个会计期间，而且在不同的开发阶段仅仅从会计报表的相关数据上很难判断其真实的财务状况。而房地产企业的财务情况说明书，是获取这些信息最好的财务文件。另外，财务情况说明书也不像会计报表那样专业，因此更适合一般财务报告使用者阅读。

13.7.1 财务情况说明书的内容

企业的财务情况说明书一般应当包含以下内容：

1. 企业生产经营状况

（1）企业主营业务范围和附属其他业务。

企业主营业务范围和附属其他业务纳入年度会计决算报表合并范围内企业从事业务的行业分布情况；未纳入合并的应明确说明原因；企业人员、职工数量和专业素质的情况；报表编报口径说明。

（2）本年度生产经营情况。

本年度生产经营情况，包括主要产品的产量、主营业务量、销售量（出口额、进口额）及同比增减量在所处行业中的地位，如按销售额排列的名次；经营环境变化对企业生产销售（经营）的影响；营业范围的调整情况；新产品、新技术、新工艺开发及投入情况。

（3）开发、在建项目的预期进度及工程竣工决算情况。

（4）其他生产经营情况。

经营中出现的问题与困难，以及需要披露的其他业务情况与事项等。

2. 利润实现与分配情况

（1）主营业务收入实现情况。

主营业务收入的同比增减额及主要影响因素，包括销售量、销售价格、销售结构变动和新产品销售，以及影响销售量的滞销产品种类、库存数量等。

（2）主营业务成本变动情况。

成本费用变动的主要因素，包括原材料费用、能源费用、工资性支出、借款利率调整对利润增减的影响。

（3）其他业务收支情况。

其他业务收入、支出的增减变化，若其收入占主营业务收入10%以上（含10%）的，则应按类别披露有关数据。

（4）影响其他收益的主要事项。

影响其他收益的主要事项，包括投资收益，特别是长期投资损失的金额及原因；补贴收入各款项来源、金额，以及扣除补贴收入的利润情况；影响营业外收支的主要事项、金额。

（5）利润分配情况。

（6）利润表项目变动情况。

利润表中的项目，如果两个期间的数据变动幅度达30%以上（含30%），且占报告期利润总额10%以上（含10%）的，应明确说明原因。

（7）会计政策。

会计政策变更的原因及其对利润总额的影响数额，会计估计变更对利润总额的影响数额。

3. 资金的增减与变动情况

（1）资产的比重变化情况。

各项资产所占比重；应收账款、其他应收款、存货、长期投资等变化是否正常及其增减原因；长期投资占所有者权益的比率及同比增减情况、原因；购买和处置子公司及其他营业单位的情况。

（2）资产损失情况。

资产损失情况，包括待处理财产损益的主要内容及其处理情况，按账龄分析三年以上的应收账款和其他应收款未收回原因及坏账处理办法；长期积压商品物资、不良长期投资等产生的原因及影响。

（3）负债的比重。

流动负债与长期负债的比重；长期借款、短期借款、应付账款、其他应付款同比增加金额及原因；企业尝还债务的能力和财务风险状况；三年以上的应收账款和其他应付款金额、主要债权人及未付原因；逾期借款本金和未还利息情况。

（4）资产负债表项目的变动情况。

资产、负债、所有者权益项目中，如果两个期间的数据变动幅度达30%以上（含30%），且占报告期资产总额5%以上（含5%）的，应明确说明原因。

4. 税金缴纳情况

各类税费的缴纳情况和税种、税率的变化情况。

5. 企业其他需要说明的重大情况

13.7.2 财务情况说明书的编写要求

企业的财务情况说明书没有固定格式，编写时可以参照如下基本要求：

1. 突出重点

对财务报告使用者比较关心的问题和当前经济运行重点、热点、变动指标比较大的情况进行分析，同时关注一般内容的披露。

2. 观点明确

有主有次抓住问题，清晰明了，措辞严谨，不能模棱两可。

3. 注重实效

财务报告具有一定的时效性，时效性直接影响报告质量，编写时紧扣时间点和期间。

4. 客观公正

财务情况说明书尽可能客观公正，用数据说话，适当预测，不可估计猜测。

5. 文字简练

条理清楚、逻辑严谨、语言简练、内容通俗，少使用过于专业的术语，在专业术语使用上要区别于会计报表附注。

附录：

附录一　中华人民共和国城市房地产管理法

（1994 年 7 月 5 日第八届全国人民代表大会常务委员会第八次会议通过　根据 2007 年 8 月 30 日第十届全国人民代表大会常务委员会第二十九次会议《关于修改〈中华人民共和国城市房地产管理法〉的决定》修正）

目　录

第一章　总　则

第一条　为了加强对城市房地产的管理，维护房地产市场秩序，保障房地产权利人的合法权益，促进房地产业的健康发展，制定本法。

第二条　在中华人民共和国城市规划区国有土地（以下简称国有土地）范围内取得房地产开发用地的土地使用权，从事房地产开发、房地产交易，实施房地产管理，应当遵守本法。

本法所称房屋，是指土地上的房屋等建筑物及构筑物。

本法所称房地产开发，是指在依据本法取得国有土地使用权的土地上进行基础设施、房屋建设的行为。

本法所称房地产交易，包括房地产转让、房地产抵押和房屋租赁。

第三条　国家依法实行国有土地有偿、有限期使用制度。但是，国家在本法规定的范围内划拨国有土地使用权的除外。

第四条　国家根据社会、经济发展水平，扶持发展居民住宅建设，逐步改善居民的居住条件。

第五条　房地产权利人应当遵守法律和行政法规，依法纳税。房地产权利人的合法权益受法律保护，任何单位和个人不得侵犯。

第六条　为了公共利益的需要，国家可以征收国有土地上单位和个人的房屋，并依法给予拆迁补偿，维护被征收人的合法权益；征收个人住宅的，还应当保障被征收人的居住条件。具体办法由国务院规定。

第七条　国务院建设行政主管部门、土地管理部门依照国务院规定的职权划分，各司其职，密切配合，管理全国房地产工作。

县级以上地方人民政府房产管理、土地管理部门的机构设置及其职权由省、自治区、直辖市人民政府确定。

第二章　房地产开发用地

第一节　土地使用权出让

第八条　土地使用权出让，是指国家将国有土地使用权（以下简称土地使用权）在一定年限内出让给土地使用者，由土地使用者向国家支付土地使用权出让金的行为。

第九条　城市规划区内的集体所有的土地，经依法征用转为国有土地后，该幅国有土地的使用权方可有偿出让。

第十条　土地使用权出让，必须符合土地利用总体规划、城市规划和年度建设用地计划。

第十一条　县级以上地方人民政府出让土地使用权用于房地产开发的，须根据省级以上人民政府下达的控制指标拟订年度出让土地使用权总面积方案，按照国务院规定，报国务院或者省级人民政府批准。

第十二条　土地使用权出让，由市、县人民政府有计划、有步骤地进行。出让的每幅地块、用途、年限和其他条件，由市、县人民政府土地管理部门会同城市规划、建设、房产管理部门共同拟定方案，按照国务院规定，报经有批准权的人民政府批准后，由市、县人民政府土地管理部门实施。

直辖市的县人民政府及其有关部门行使前款规定的权限，由直辖市人民政府规定。

第十三条　土地使用权出让，可以采取拍卖、招标或者双方协议的方式。

商业、旅游、娱乐和豪华住宅用地，有条件的，必须采取拍卖、招标方式；没有条件，不能采取拍卖、招标方式的，可以采取双方协议的方式。

采取双方协议方式出让土地使用权的出让金不得低于按国家规定所确定的最低价。

第十四条 土地使用权出让最高年限由国务院规定。

第十五条 土地使用权出让，应当签订书面出让合同。

土地使用权出让合同由市、县人民政府土地管理部门与土地使用者签订。

第十六条 土地使用者必须按照出让合同约定，支付土地使用权出让金；未按照出让合同约定支付土地使用权出让金的，土地管理部门有权解除合同，并可以请求违约赔偿。

第十七条 土地使用者按照出让合同约定支付土地使用权出让金的，市、县人民政府土地管理部门必须按照出让合同约定，提供出让的土地；未按照出让合同约定提供出让的土地的，土地使用者有权解除合同，由土地管理部门返还土地使用权出让金，土地使用者并可以请求违约赔偿。

第十八条 土地使用者需要改变土地使用权出让合同约定的土地用途的，必须取得出让方和市、县人民政府城市规划行政主管部门的同意，签订土地使用权出让合同变更协议或者重新签订土地使用权出让合同，相应调整土地使用权出让金。

第十九条 土地使用权出让金应当全部上缴财政，列入预算，用于城市基础设施建设和土地开发。土地使用权出让金上缴和使用的具体办法由国务院规定。

第二十条 国家对土地使用者依法取得的土地使用权，在出让合同约定的使用年限届满前不收回；在特殊情况下，根据社会公共利益的需要，可以依照法律程序提前收回，并根据土地使用者使用土地的实际年限和开发土地的实际情况给予相应的补偿。

第二十一条 土地使用权因土地灭失而终止。

第二十二条 土地使用权出让合同约定的使用年限届满，土地使用者需要继续使用土地的，应当至迟于届满前一年申请续期，除根据社会公共利益需要收回该幅土地的，应当予以批准。经批准准予续期的，应当重新签订土地使用权出让合同，依照规定支付土地使用权出让金。

土地使用权出让合同约定的使用年限届满，土地使用者未申请续期或者虽申请续期但依照前款规定未获批准的，土地使用权由国家无偿收回。

第二节 土地使用权划拨

第二十三条 土地使用权划拨，是指县级以上人民政府依法批准，在土地使用者缴纳补偿、安置等费用后将该幅土地交付其使用，或者将土地使用权无偿交付给土地使用者使用的行为。

依照本法规定以划拨方式取得土地使用权的，除法律、行政法规另有规定外，没有使用期限的限制。

第二十四条 下列建设用地的土地使用权，确属必需的，可以由县级以上人民政府依法批准划拨：

（一）国家机关用地和军事用地；

（二）城市基础设施用地和公益事业用地；

（三）国家重点扶持的能源、交通、水利等项目用地；

（四）法律、行政法规规定的其他用地。

第三章　房地产开发

第二十五条　房地产开发必须严格执行城市规划，按照经济效益、社会效益、环境效益相统一的原则，实行全面规划、合理布局、综合开发、配套建设。

第二十六条　以出让方式取得土地使用权进行房地产开发的，必须按照土地使用权出让合同约定的土地用途、动工开发期限开发土地。超过出让合同约定的动工开发日期满一年未动工开发的，可以征收相当于土地使用权出让金百分之二十以下的土地闲置费；满二年未动工开发的，可以无偿收回土地使用权；但是，因不可抗力或者政府、政府有关部门的行为或者动工开发必需的前期工作造成动工开发迟延的除外。

第二十七条　房地产开发项目的设计、施工，必须符合国家的有关标准和规范。

房地产开发项目竣工，经验收合格后，方可交付使用。

第二十八条　依法取得的土地使用权，可以依照本法和有关法律、行政法规的规定，作价入股，合资、合作开发经营房地产。

第二十九条　国家采取税收等方面的优惠措施鼓励和扶持房地产开发企业开发建设居民住宅。

第三十条　房地产开发企业是以营利为目的，从事房地产开发和经营的企业。设立房地产开发企业，应当具备下列条件：

（一）有自己的名称和组织机构；

（二）有固定的经营场所；

（三）有符合国务院规定的注册资本；

（四）有足够的专业技术人员；

（五）法律、行政法规规定的其他条件。

设立房地产开发企业，应当向工商行政管理部门申请设立登记。工商行政管理部门对符合本法规定条件的，应当予以登记，发给营业执照；对不符合本法规定条件的，不予登记。

设立有限责任公司、股份有限公司从事房地产开发经营的，还应当执行公司法的有关规定。

房地产开发企业在领取营业执照后的一个月内，应当到登记机关所在地的县级以上地方人民政府规定的部门备案。

第三十一条　房地产开发企业的注册资本与投资总额的比例应当符合国家有关规定。

房地产开发企业分期开发房地产的，分期投资额应当与项目规模相适应，并按照土地使用权出让合同的约定，按期投入资金，用于项目建设。

第四章 房地产交易

第一节 一般规定

第三十二条 房地产转让、抵押时，房屋的所有权和该房屋占用范围内的土地使用权同时转让、抵押。

第三十三条 基准地价、标定地价和各类房屋的重置价格应当定期确定并公布。具体办法由国务院规定。

第三十四条 国家实行房地产价格评估制度。

房地产价格评估，应当遵循公正、公平、公开的原则，按照国家规定的技术标准和评估程序，以基准地价、标定地价和各类房屋的重置价格为基础，参照当地的市场价格进行评估。

第三十五条 国家实行房地产成交价格申报制度。

房地产权利人转让房地产，应当向县级以上地方人民政府规定的部门如实申报成交价，不得瞒报或者作不实的申报。

第三十六条 房地产转让、抵押，当事人应当依照本法第五章的规定办理权属登记。

第二节 房地产转让

第三十七条 房地产转让，是指房地产权利人通过买卖、赠与或者其他合法方式将其房地产转移给他人的行为。

第三十八条 下列房地产，不得转让：

（一）以出让方式取得土地使用权的，不符合本法第三十九条规定的条件的；

（二）司法机关和行政机关依法裁定、决定查封或者以其他形式限制房地产权利的；

（三）依法收回土地使用权的；

（四）共有房地产，未经其他共有人书面同意的；

（五）权属有争议的；

（六）未依法登记领取权属证书的；

（七）法律、行政法规规定禁止转让的其他情形。

第三十九条 以出让方式取得土地使用权的，转让房地产时，应当符合下列条件：

（一）按照出让合同约定已经支付全部土地使用权出让金，并取得土地使用权证书；

（二）按照出让合同约定进行投资开发，属于房屋建设工程的，完成开发投资总额的百分之二十五以上，属于成片开发土地的，形成工业用地或者其他建设用地条件。

转让房地产时房屋已经建成的，还应当持有房屋所有权证书。

第四十条　以划拨方式取得土地使用权的，转让房地产时，应当按照国务院规定，报有批准权的人民政府审批。有批准权的人民政府准予转让的，应当由受让方办理土地使用权出让手续，并依照国家有关规定缴纳土地使用权出让金。

以划拨方式取得土地使用权的，转让房地产报批时，有批准权的人民政府按照国务院规定决定可以不办理土地使用权出让手续的，转让方应当按照国务院规定将转让房地产所获收益中的土地收益上缴国家或者作其他处理。

第四十一条　房地产转让，应当签订书面转让合同，合同中应当载明土地使用权取得的方式。

第四十二条　房地产转让时，土地使用权出让合同载明的权利、义务随之转移。

第四十三条　以出让方式取得土地使用权的，转让房地产后，其土地使用权的使用年限为原土地使用权出让合同约定的使用年限减去原土地使用者已经使用年限后的剩余年限。

第四十四条　以出让方式取得土地使用权的，转让房地产后，受让人改变原土地使用权出让合同约定的土地用途的，必须取得原出让方和市、县人民政府城市规划行政主管部门的同意，签订土地使用权出让合同变更协议或者重新签订土地使用权出让合同，相应调整土地使用权出让金。

第四十五条　商品房预售，应当符合下列条件：

（一）已交付全部土地使用权出让金，取得土地使用权证书；

（二）持有建设工程规划许可证；

（三）按提供预售的商品房计算，投入开发建设的资金达到工程建设总投资的百分之二十五以上，并已经确定施工进度和竣工交付日期；

（四）向县级以上人民政府房产管理部门办理预售登记，取得商品房预售许可证明。

商品房预售人应当按照国家有关规定将预售合同报县级以上人民政府房产管理部门和土地管理部门登记备案。

商品房预售所得款项，必须用于有关的工程建设。

第四十六条　商品房预售的，商品房预购人将购买的未竣工的预售商品房再行转让的问题，由国务院规定。

第三节　房地产抵押

第四十七条　房地产抵押，是指抵押人以其合法的房地产以不转移占有的方式向抵押权人提供债务履行担保的行为。债务人不履行债务时，抵押权人有权依法以抵押的房地产拍卖所得的价款优先受偿。

第四十八条　依法取得的房屋所有权连同该房屋占用范围内的土地使用权，可以设定抵押权。

以出让方式取得的土地使用权，可以设定抵押权。

第四十九条　房地产抵押，应当凭土地使用权证书、房屋所有权证书办理。

第五十条　房地产抵押，抵押人和抵押权人应当签订书面抵押合同。

第五十一条　设定房地产抵押权的土地使用权是以划拨方式取得的，依法拍卖该房地产后，应当从拍卖所得的价款中缴纳相当于应缴纳的土地使用权出让金的款额后，抵押权人方可优先受偿。

第五十二条　房地产抵押合同签订后，土地上新增的房屋不属于抵押财产。需要拍卖该抵押的房地产时，可以依法将土地上新增的房屋与抵押财产一同拍卖，但对拍卖新增房屋所得，抵押权人无权优先受偿。

第四节　房屋租赁

第五十三条　房屋租赁，是指房屋所有权人作为出租人将其房屋出租给承租人使用，由承租人向出租人支付租金的行为。

第五十四条　房屋租赁，出租人和承租人应当签订书面租赁合同，约定租赁期限、租赁用途、租赁价格、修缮责任等条款，以及双方的其他权利和义务，并向房产管理部门登记备案。

第五十五条　住宅用房的租赁，应当执行国家和房屋所在城市人民政府规定的租赁政策。租用房屋从事生产、经营活动的，由租赁双方协商议定租金和其他租赁条款。

第五十六条　以营利为目的，房屋所有权人将以划拨方式取得使用权的国有土地上建成的房屋出租的，应当将租金中所含土地收益上缴国家。具体办法由国务院规定。

第五节　中介服务机构

第五十七条　房地产中介服务机构包括房地产咨询机构、房地产价格评估机构、房地产经纪机构等。

第五十八条　房地产中介服务机构应当具备下列条件：

（一）有自己的名称和组织机构；

（二）有固定的服务场所；

（三）有必要的财产和经费；

（四）有足够数量的专业人员；

（五）法律、行政法规规定的其他条件。

设立房地产中介服务机构，应当向工商行政管理部门申请设立登记，领取营业执照后，方可开业。

第五十九条　国家实行房地产价格评估人员资格认证制度。

第五章 房地产权属登记管理

第六十条 国家实行土地使用权和房屋所有权登记发证制度。

第六十一条 以出让或者划拨方式取得土地使用权，应当向县级以上地方人民政府土地管理部门申请登记，经县级以上地方人民政府土地管理部门核实，由同级人民政府颁发土地使用权证书。

在依法取得的房地产开发用地上建成房屋的，应当凭土地使用权证书向县级以上地方人民政府房产管理部门申请登记，由县级以上地方人民政府房产管理部门核实并颁发房屋所有权证书。

房地产转让或者变更时，应当向县级以上地方人民政府房产管理部门申请房产变更登记，并凭变更后的房屋所有权证书向同级人民政府土地管理部门申请土地使用权变更登记，经同级人民政府土地管理部门核实，由同级人民政府更换或者更改土地使用权证书。

法律另有规定的，依照有关法律的规定办理。

第六十二条 房地产抵押时，应当向县级以上地方人民政府规定的部门办理抵押登记。

因处分抵押房地产而取得土地使用权和房屋所有权的，应当依照本章规定办理过户登记。

第六十三条 经省、自治区、直辖市人民政府确定，县级以上地方人民政府由一个部门统一负责房产管理和土地管理工作的，可以制作、颁发统一的房地产权证书，依照本法第六十一条的规定，将房屋的所有权和该房屋占用范围内的土地使用权的确认和变更，分别载入房地产权证书。

第六章 法律责任

第六十四条 违反本法第十一条、第十二条的规定，擅自批准出让或者擅自出让土地使用权用于房地产开发的，由上级机关或者所在单位给予有关责任人员行政处分。

第六十五条 违反本法第三十条的规定，未取得营业执照擅自从事房地产开发业务的，由县级以上人民政府工商行政管理部门责令停止房地产开发业务活动，没收违法所得，可以并处罚款。

第六十六条 违反本法第三十九条第一款的规定转让土地使用权的，由县级以上人民政府土地管理部门没收违法所得，可以并处罚款。

第六十七条 违反本法第四十条第一款的规定转让房地产的，由县级以上人民政府土地管理部门责令缴纳土地使用权出让金，没收违法所得，可以并处罚款。

第六十八条 违反本法第四十五条第一款的规定预售商品房的，由县级以上人民政府房产管理部门责令停止预售活动，没收违法所得，可以并处罚款。

第六十九条 违反本法第五十八条的规定，未取得营业执照擅自从事房地产中介服务业务的，由县级以上人民政府工商行政管理部门责令停止房地产中介服务业务活动，没收违法所得，可以并处罚款。

第七十条 没有法律、法规的依据，向房地产开发企业收费的，上级机关应当责令退回所收取的钱款；情节严重的，由上级机关或者所在单位给予直接责任人员行政处分。

第七十一条 房产管理部门、土地管理部门工作人员玩忽职守、滥用职权，构成犯罪的，依法追究刑事责任；不构成犯罪的，给予行政处分。

房产管理部门、土地管理部门工作人员利用职务上的便利，索取他人财物，或者非法收受他人财物为他人谋取利益，构成犯罪的，依照惩治贪污罪贿赂罪的补充规定追究刑事责任；不构成犯罪的，给予行政处分。

第七章 附 则

第七十二条 在城市规划区外的国有土地范围内取得房地产开发用地的土地使用权，从事房地产开发、交易活动以及实施房地产管理，参照本法执行。

第七十三条 本法自 1995 年 1 月 1 日起施行。

附录二 城市房地产开发经营管理条例

第一章 总 则

第一条 为了规范房地产开发经营行为，加强对城市房地产开发经营活动的监督管理，促进和保障房地产业的健康发展，根据《中华人民共和国城市房地产管理法》的有关规定，制定本条例。

第二条 本条例所称房地产开发经营，是指房地产开发企业在城市规划区内国有土地上进行基础设施建设、房屋建设，并转让房地产开发项目或者销售、出租商品房的行为。

第三条 房地产开发经营应当按照经济效益、社会效益、环境效益相统一的原则，实行全面规划、合理布局、综合开发、配套建设。

第四条 国务院建设行政主管部门负责全国房地产开发经营活动的监督管理工作。

县级以上地方人民政府房地产开发主管部门负责本行政区域内房地产开发经营活动的监督管理工作。

县级以上人民政府负责土地管理工作的部门依照有关法律、行政法规的规定，负责与房地产开发经营有关的土地管理工作。

第二章　房地产开发企业

第五条　设立房地产开发企业，除应当符合有关法律、行政法规规定的企业设立条件外，还应当具备下列条件：

（一）有100万元以上的注册资本；

（二）有4名以上持有资格证书的房地产专业、建筑工程专业的专职技术人员，2名以上持有资格证书的专职会计人员。

省、自治区、直辖市人民政府可以根据本地方的实际情况，对设立房地产开发企业的注册资本和专业技术人员的条件作出高于前款的规定。

第六条　外商投资设立房地产开发企业的，除应当符合本条例第五条的规定外，还应当依照外商投资企业法律、行政法规的规定，办理有关审批手续。

第七条　设立房地产开发企业，应当向县级以上人民政府工商行政管理部门申请登记。工商行政管理部门对符合本条例第五条规定条件的，应当自收到申请之日起30日内予以登记；对不符合条件不予登记的，应当说明理由。

工商行政管理部门在对设立房地产开发企业申请登记进行审查时，应当听取同级房地产开发主管部门的意见。

第八条　房地产开发企业应当自领取营业执照之日起30日内，持下列文件到登记机关所在地的房地产开发主管部门备案：

（一）营业执照复印件；

（二）企业章程；

（三）验资证明；

（四）企业法定代表人的身份证明；

（五）专业技术人员的资格证书和聘用合同。

第九条　房地产开发主管部门应当根据房地产开发企业的资产、专业技术人员和开发经营业绩等，对备案的房地产开发企业核定资质等级。房地产开发企业应当按照核定的资质等级，承担相应的房地产开发项目。具体办法由国务院建设行政主管部门制定。

第三章　房地产开发建设

第十条　确定房地产开发项目，应当符合土地利用总体规划、年度建设用地计划和城市规划、房地产开发年度计划的要求；按照国家有关规定需要经计划主管部门批准的，还应当报计划主管部门批准，并纳入年度固定资产投资计划。

第十一条　确定房地产开发项目，应当坚持旧区改建和新区建设相结合的原则，注重开发基础设施薄弱、交通拥挤、环境污染严重以及危旧房屋集中的区域，保护和改善城市生态环境，保护历史文化遗产。

第十二条　房地产开发用地应当以出让方式取得；但是，法律和国务院规定可以采用划拨方式的除外。

土地使用权出让或者划拨前，县级以上地方人民政府城市规划行政主管部门和房地产开发主管部门应当对下列事项提出书面意见，作为土地使用权出让或者划拨的依据之一：

（一）房地产开发项目的性质、规模和开发期限；

（二）城市规划设计条件；

（三）基础设施和公共设施的建设要求；

（四）基础设施建成后的产权界定；

（五）项目拆迁补偿、安置要求。

第十三条　房地产开发项目应当建立资本金制度，资本金占项目总投资的比例不得低于 20%。

第十四条　房地产开发项目的开发建设应当统筹安排配套基础设施，并根据先地下、后地上的原则实施。

第十五条　房地产开发企业应当按照土地使用权出让合同约定的土地用途、动工开发期限进行项目开发建设。出让合同约定的动工开发期限满 1 年未动工开发的，可以征收相当于土地使用权出让金 20% 以下的土地闲置费；满 2 年未动工开发的，可以无偿收回土地使用权。但是，因不可抗力或者政府、政府有关部门的行为或者动工开发必需的前期工作造成动工迟延的除外。

第十六条　房地产开发企业开发建设的房地产项目，应当符合有关法律、法规的规定和建筑工程质量、安全标准、建筑工程勘察、设计、施工的技术规范以及合同的约定。

房地产开发企业应当对其开发建设的房地产开发项目的质量承担责任。

勘察、设计、施工、监理等单位应当依照有关法律、法规的规定或者合同的约定，承担相应的责任。

第十七条　房地产开发项目竣工，经验收合格后，方可交付使用；未经验收或者验收不合格的，不得交付使用。

房地产开发项目竣工后，房地产开发企业应当向项目所在地的县级以上地方人民政府房地产开发主管部门提出竣工验收申请。房地产开发主管部门应当自收到竣工验收申请之日起 30 日内，对涉及公共安全的内容，组织工程质量监督、规划、消防、人防等有关部门或者单位进行验收。

第十八条　住宅小区等群体房地产开发项目竣工，应当依照本条例第十七条的规定和下列要求进行综合验收：

（一）城市规划设计条件的落实情况；

（二）城市规划要求配套的基础设施和公共设施的建设情况；

（三）单项工程的工程质量验收情况；

（四）拆迁安置方案的落实情况；

（五）物业管理的落实情况。

住宅小区等群体房地产开发项目实行分期开发的，可以分期验收。

第十九条　房地产开发企业应当将房地产开发项目建设过程中的主要事项记录在房地产开发项目手册中，并定期送房地产开发主管部门备案。

第四章　房地产经营

第二十条　转让房地产开发项目，应当符合《中华人民共和国城市房地产管理法》第三十八条、第三十九条规定的条件。

第二十一条　转让房地产开发项目，转让人和受让人应当自土地使用权变更登记手续办理完毕之日起 30 日内，持房地产开发项目转让合同到房地产开发主管部门备案。

第二十二条　房地产开发企业转让房地产开发项目时，尚未完成拆迁补偿安置的，原拆迁补偿安置合同中有关的权利、义务随之转移给受让人。项目转让人应当书面通知被拆迁人。

第二十三条 房地产开发企业预售商品房，应当符合下列条件：

（一）已交付全部土地使用权出让金，取得土地使用权证书；

（二）持有建设工程规划许可证和施工许可证；

（三）按提供的预售商品房计算，投入开发建设的资金达到工程建设总投资的25%以上，并已确定施工进度和竣工交付日期；

（四）已办理预售登记，取得商品房预售许可证明。

第二十四条　房地产开发企业申请办理商品房预售登记，应当提交下列文件：

（一）本条例第二十三条第（一）项至第（三）项规定的证明材料；

（二）营业执照和资质等级证书；

（三）工程施工合同；

（四）预售商品房分层平面图；

（五）商品房预售方案。

第二十五条　房地产开发主管部门应当自收到商品房预售申请之日起10日内，作出同意预售或者不同意预售的答复。同意预售的，应当核发商品房预售许可证明；不同意预售的，应当说明理由。

第二十六条　房地产开发企业不得进行虚假广告宣传，商品房预售广告中应当载明商品房预售许可证明的文号。

第二十七条　房地产开发企业预售商品房时，应当向预购人出示商品房预售许可证明。

房地产开发企业应当自商品房预售合同签订之日起30日内，到商品房所在地的县级以上人民政府房地产开发主管部门和负责土地管理工作的部门备案。

第二十八条　商品房销售，当事人双方应当签订书面合同。合同应当载明商品房的建筑面积和使用面积、价格、交付日期、质量要求、物业管理方式以及双方的违约责任。

第二十九条　房地产开发企业委托中介机构代理销售商品房的，应当向中介机构出具委托书。中介机构销售商品房时，应当向商品房购买人出示商品房的有关证明文件和商品房销售委托书。

第三十条　房地产开发项目转让和商品房销售价格，由当事人协商议定；但是，享受国家优惠政策的居民住宅价格，应当实行政府指导价或者政府定价。

第三十一条　房地产开发企业应当在商品房交付使用时，向购买人提供住宅质量保证书和住宅使用说明书。

住宅质量保证书应当列明工程质量监督部门核验的质量等级、保修范围、保修期和保修单位等内容。房地产开发企业应当按照住宅质量保证书的约定，承担商品房保修责任。

保修期内，因房地产开发企业对商品房进行维修，致使房屋原使用功能受到影响，给购买人造成损失的，应当依法承担赔偿责任。

第三十二条　商品房交付使用后，购买人认为主体结构质量不合格的，可以向工程质量监督单位申请重新核验。经核验，确属主体结构质量不合格的，购买人有权退房；给购买人造成损失的，房地产开发企业应当依法承担赔偿责任。

第三十三条　预售商品房的购买人应当自商品房交付使用之日起90日内，办理土地使用权变更和房屋所有权登记手续；现售商品房的购买人应当自销售合同签订之日起90日内，办理土地使用权变更和房屋所有权登记手续。房地产开发企业应当协助商品房购买人办理土地使用权变更和房屋所有权登记手续，并提供必要的证明文件。

第五章　法律责任

第三十四条　违反本条例规定，未取得营业执照，擅自从事房地产开发经营的，由县级以上人民政府工商行政管理部门责令停止房地产开发经营活动，没收违法所得，可以并处违法所得5倍以下的罚款。

第三十五条　违反本条例规定，未取得资质等级证书或者超越资质等级从事房地产开发经营的，由县级以上人民政府房地产开发主管部门责令限期改正，处5万元以上10万元以下的罚款；逾期不改正的，由工商行政管理部门吊销营业执照。

第三十六条　违反本条例规定，将未经验收的房屋交付使用的，由县级以上人民政府房地产开发主管部门责令限期补办验收手续；逾期不补办验收手续的，由县级以上人民政府房地产开发主管部门组织有关部门和单位进行验收，并处10万元以上30万元以下的罚款。经验收不合格的，依照本条例第三十七条的规定处理。

第三十七条　违反本条例规定，将验收不合格的房屋交付使用的，由县级以上人民政府房地产开发主管部门责令限期返修，并处交付使用的房屋总造价2%以下的罚款；情节严重的，由工商行政管理部门吊销营业执照；给购买人造成损失的，应当依法承担赔偿责任；造成重大伤亡事故或者其他严重后果，构成犯罪的，依法追究刑事责任。

第三十八条　违反本条例规定，擅自转让房地产开发项目的，由县级以上人民政府负责土地管理工作的部门责令停止违法行为，没收违法所得，可以并处违法所得5倍以下的罚款。

第三十九条　违反本条例规定，擅自预售商品房的，由县级以上人民政府房地产开发主管部门责令停止违法行为，没收违法所得，可以并处已收取的预付款百分之一以下的罚款。

第四十条　国家工作人员在房地产开发经营监督管理工作中玩忽职守、徇私舞弊、滥用职权，构成犯罪的，依法追究刑事责任；尚不构成犯罪的，依法给予行政处分。

第六章　附　则

第四十一条　在城市规划区外国有土地上从事房地产开发经营，实施房地产开发经营监督管理，参照本条例执行。

第四十二条　城市规划区内集体所有的土地，经依法征用转为国有土地后，方可用于房地产开发经营。

第四十三条　本条例自发布之日起施行。

附录三　国有土地上房屋征收与补偿条例

中华人民共和国国务院令第590号

第一章　总　则

第一条　为了规范国有土地上房屋征收与补偿活动，维护公共利益，保障被征收房屋所有权人的合法权益，制定本条例。

第二条　为了公共利益的需要，征收国有土地上单位、个人的房屋，应当对被征收房屋所有权人（以下称被征收人）给予公平补偿。

第三条　房屋征收与补偿应当遵循决策民主、程序正当、结果公开的原则。

第四条　市、县级人民政府负责本行政区域的房屋征收与补偿工作。

市、县级人民政府确定的房屋征收部门（以下称房屋征收部门）组织实施本行政区域的房屋征收与补偿工作。

市、县级人民政府有关部门应当依照本条例的规定和本级人民政府规定的职责分工，互相配合，保障房屋征收与补偿工作的顺利进行。

第五条　房屋征收部门可以委托房屋征收实施单位，承担房屋征收与补偿的具体工作。房屋征收实施单位不得以营利为目的。

房屋征收部门对房屋征收实施单位在委托范围内实施的房屋征收与补偿行为负责监督，并对其行为后果承担法律责任。

第六条　上级人民政府应当加强对下级人民政府房屋征收与补偿工作的监督。

国务院住房城乡建设主管部门和省、自治区、直辖市人民政府住房城乡建设主管部门应当会同同级财政、国土资源、发展改革等有关部门，加强对房屋征收与补偿实施工作的指导。

第七条　任何组织和个人对违反本条例规定的行为，都有权向有关人民政府、房屋征收部门和其他有关部门举报。接到举报的有关人民政府、房屋征收部门和其他有关部门对举报应当及时核实、处理。

监察机关应当加强对参与房屋征收与补偿工作的政府和有关部门或者单位及其工作人员的监察。

第二章　征收决定

第八条　为了保障国家安全、促进国民经济和社会发展等公共利益的需要，有下列情形之一，确需征收房屋的，由市、县级人民政府作出房屋征收决定：

（一）国防和外交的需要；

（二）由政府组织实施的能源、交通、水利等基础设施建设的需要；

（三）由政府组织实施的科技、教育、文化、卫生、体育、环境和资源保护、防灾减灾、文物保护、社会福利、市政公用等公共事业的需要；

（四）由政府组织实施的保障性安居工程建设的需要；

（五）由政府依照城乡规划法有关规定组织实施的对危房集中、基础设施落后等地段进行旧城区改建的需要；

（六）法律、行政法规规定的其他公共利益的需要。

第九条　依照本条例第八条规定，确需征收房屋的各项建设活动，应当符合国民经济和社会发展规划、土地利用总体规划、城乡规划和专项规划。保障性安居工程建设、旧城区改建，应当纳入市、县级国民经济和社会发展年度计划。

制定国民经济和社会发展规划、土地利用总体规划、城乡规划和专项规划，应当广泛征求社会公众意见，经过科学论证。

第十条　房屋征收部门拟定征收补偿方案，报市、县级人民政府。

市、县级人民政府应当组织有关部门对征收补偿方案进行论证并予以公布，征求公众意见。征求意见期限不得少于30日。

第十一条　市、县级人民政府应当将征求意见情况和根据公众意见修改的情况及时公布。

因旧城区改建需要征收房屋，多数被征收人认为征收补偿方案不符合本条例规定的，市、县级人民政府应当组织由被征收人和公众代表参加的听证会，并根据听证会情况修改方案。

第十二条　市、县级人民政府作出房屋征收决定前，应当按照有关规定进行社会稳定风险评估；房屋征收决定涉及被征收人数量较多的，应当经政府常务会议讨论决定。

作出房屋征收决定前，征收补偿费用应当足额到位、专户存储、专款专用。

第十三条　市、县级人民政府作出房屋征收决定后应当及时公告。公告应当载明征收补偿方案和行政复议、行政诉讼权利等事项。

市、县级人民政府及房屋征收部门应当做好房屋征收与补偿的宣传、解释工作。

房屋被依法征收的，国有土地使用权同时收回。

第十四条　被征收人对市、县级人民政府作出的房屋征收决定不服的，可以依法申请行政复议，也可以依法提起行政诉讼。

第十五条　房屋征收部门应当对房屋征收范围内房屋的权属、区位、用途、建筑面积等情况组织调查登记，被征收人应当予以配合。调查结果应当在房屋征收范围内向被征收人公布。

第十六条　房屋征收范围确定后，不得在房屋征收范围内实施新建、扩建、改建房屋和改变房屋用途等不当增加补偿费用的行为；违反规定实施的，不予补偿。

房屋征收部门应当将前款所列事项书面通知有关部门暂停办理相关手续。暂停办理相关手续的书面通知应当载明暂停期限。暂停期限最长不得超过1年。

第三章　补　偿

第十七条　作出房屋征收决定的市、县级人民政府对被征收人给予的补偿包括：

（一）被征收房屋价值的补偿；

（二）因征收房屋造成的搬迁、临时安置的补偿；

（三）因征收房屋造成的停产停业损失的补偿。

市、县级人民政府应当制定补助和奖励办法，对被征收人给予补助和奖励。

第十八条 征收个人住宅，被征收人符合住房保障条件的，作出房屋征收决定的市、县级人民政府应当优先给予住房保障。具体办法由省、自治区、直辖市制定。

第十九条 对被征收房屋价值的补偿，不得低于房屋征收决定公告之日被征收房屋类似房地产的市场价格。被征收房屋的价值，由具有相应资质的房地产价格评估机构按照房屋征收评估办法评估确定。

对评估确定的被征收房屋价值有异议的，可以向房地产价格评估机构申请复核评估。对复核结果有异议的，可以向房地产价格评估专家委员会申请鉴定。

房屋征收评估办法由国务院住房城乡建设主管部门制定，制定过程中，应当向社会公开征求意见。

第二十条 房地产价格评估机构由被征收人协商选定；协商不成的，通过多数决定、随机选定等方式确定，具体办法由省、自治区、直辖市制定。

房地产价格评估机构应当独立、客观、公正地开展房屋征收评估工作，任何单位和个人不得干预。

第二十一条 被征收人可以选择货币补偿，也可以选择房屋产权调换。

被征收人选择房屋产权调换的，市、县级人民政府应当提供用于产权调换的房屋，并与被征收人计算、结清被征收房屋价值与用于产权调换房屋价值的差价。

因旧城区改建征收个人住宅，被征收人选择在改建地段进行房屋产权调换的，作出房屋征收决定的市、县级人民政府应当提供改建地段或者就近地段的房屋。

第二十二条 因征收房屋造成搬迁的，房屋征收部门应当向被征收人支付搬迁费；选择房屋产权调换的，产权调换房屋交付前，房屋征收部门应当向被征收人支付临时安置费或者提供周转用房。

第二十三条 对因征收房屋造成停产停业损失的补偿，根据房屋被征收前的效益、停产停业期限等因素确定。具体办法由省、自治区、直辖市制定。

第二十四条 市、县级人民政府及其有关部门应当依法加强对建设活动的监督管理，对违反城乡规划进行建设的，依法予以处理。

市、县级人民政府作出房屋征收决定前，应当组织有关部门依法对征收范围内未经登记的建筑进行调查、认定和处理。对认定为合法建筑和未超过批准期限的临时建筑的，应当给予补偿；对认定为违法建筑和超过批准期限的临时建筑的，不予补偿。

第二十五条 房屋征收部门与被征收人依照本条例的规定，就补偿方式、补偿金额和支付期限、用于产权调换房屋的地点和面积、搬迁费、临时安置费或者周转用房、停产停业损失、搬迁期限、过渡方式和过渡期限等事项，订立补偿协议。

补偿协议订立后，一方当事人不履行补偿协议约定的义务的，另一方当事人可以依法提起诉讼。

第二十六条　房屋征收部门与被征收人在征收补偿方案确定的签约期限内达不成补偿协议，或者被征收房屋所有权人不明确的，由房屋征收部门报请作出房屋征收决定的市、县级人民政府依照本条例的规定，按照征收补偿方案作出补偿决定，并在房屋征收范围内予以公告。

补偿决定应当公平，包括本条例第二十五条第一款规定的有关补偿协议的事项。

被征收人对补偿决定不服的，可以依法申请行政复议，也可以依法提起行政诉讼。

第二十七条　实施房屋征收应当先补偿、后搬迁。

作出房屋征收决定的市、县级人民政府对被征收人给予补偿后，被征收人应当在补偿协议约定或者补偿决定确定的搬迁期限内完成搬迁。

任何单位和个人不得采取暴力、威胁或者违反规定中断供水、供热、供气、供电和道路通行等非法方式迫使被征收人搬迁。禁止建设单位参与搬迁活动。

第二十八条　被征收人在法定期限内不申请行政复议或者不提起行政诉讼，在补偿决定规定的期限内又不搬迁的，由作出房屋征收决定的市、县级人民政府依法申请人民法院强制执行。

强制执行申请书应当附具补偿金额和专户存储账号、产权调换房屋和周转用房的地点和面积等材料。

第二十九条　房屋征收部门应当依法建立房屋征收补偿档案，并将分户补偿情况在房屋征收范围内向被征收人公布。

审计机关应当加强对征收补偿费用管理和使用情况的监督，并公布审计结果。

第四章　法律责任

第三十条　市、县级人民政府及房屋征收部门的工作人员在房屋征收与补偿工作中不履行本条例规定的职责，或者滥用职权、玩忽职守、徇私舞弊的，由上级人民政府或者本级人民政府责令改正，通报批评；造成损失的，依法承担赔偿责任；对直接负责的主管人员和其他直接责任人员，依法给予处分；构成犯罪的，依法追究刑事责任。

第三十一条　采取暴力、威胁或者违反规定中断供水、供热、供气、供电和道路通行等非法方式迫使被征收人搬迁，造成损失的，依法承担赔偿责任；对直接负责的主管人员和其他直接责任人员，构成犯罪的，依法追究刑事责任；尚不构成犯罪的，依法给予处分；构成违反治安管理行为的，依法给予治安管理处罚。

第三十二条　采取暴力、威胁等方法阻碍依法进行的房屋征收与补偿工作，构成犯罪的，依法追究刑事责任；构成违反治安管理行为的，依法给予治安管理处罚。

第三十三条　贪污、挪用、私分、截留、拖欠征收补偿费用的，责令改正，追回有关款项，限期退还违法所得，对有关责任单位通报批评、给予警告；造成损失的，依法承担赔偿责任；对直接负责的主管人员和其他直接责任人员，构成犯罪的，依法追究刑事责任；尚不构成犯罪的，依法给予处分。

第三十四条　房地产价格评估机构或者房地产估价师出具虚假或者有重大差错的评估报告的，由发证机关责令限期改正，给予警告，对房地产价格评估机构并处 5 万元以上 20 万元以下罚款，对房地产估价师并处 1 万元以上 3 万元以下罚款，并记入信用档案；情节严重的，吊销资质证书、注册证书；造成损失的，依法承担赔偿责任；构成犯罪的，依法追究刑事责任。

第五章　附　则

第三十五条　本条例自公布之日起施行。2001 年 6 月 13 日国务院公布的《城市房屋拆迁管理条例》同时废止。本条例施行前已依法取得房屋拆迁许可证的项目，继续沿用原有的规定办理，但政府不得责成有关部门强制拆迁。

附录四　房地产开发经营业务企业所得税处理办法

第一章　总　则

第一条　根据《中华人民共和国企业所得税法》及其实施条例、《中华人民共和国税收征收管理法》及其实施细则等有关税收法律、行政法规的规定，制定本办法。

第二条　本办法适用于中国境内从事房地产开发经营业务的企业（以下简称企业）。

第三条　企业房地产开发经营业务包括土地的开发，建造、销售住宅、商业用房以及其他建筑物、附着物、配套设施等开发产品。除土地开发之外，其他开发产品符合下列条件之一的，应视为已经完工：

（一）开发产品竣工证明材料已报房地产管理部门备案。

（二）开发产品已开始投入使用。

（三）开发产品已取得了初始产权证明。

第四条　企业出现《中华人民共和国税收征收管理法》第三十五条规定的情形，税务机关可对其以往应缴的企业所得税按核定征收方式进行征收管理，并逐步规范，同时按《中华人民共和国税收征收管理法》等税收法律、行政法规的规定进行处理，但不得事先确定企业的所得税按核定征收方式进行征收、管理。

第二章　收入的税务处理

第五条　开发产品销售收入的范围为销售开发产品过程中取得的全部价款，包括现金、现金等价物及其他经济利益。企业代有关部门、单位和企业收取的各种基金、费用和附加等，凡纳入开发产品价内或由企业开具发票的，应按规定全部确认为销售收入；未纳入开发产品价内并由企业之外的其他收取部门、单位开具发票的，可作为代收代缴款项进行管理。

第六条　企业通过正式签订《房地产销售合同》或《房地产预售合同》所取得的收入，应确认为销售收入的实现，具体按以下规定确认：

（一）采取一次性全额收款方式销售开发产品的，应于实际收讫价款或取得索取价款凭据（权利）之日，确认收入的实现。

（二）采取分期收款方式销售开发产品的，应按销售合同或协议约定的价款和付款日确认收入的实现。付款方提前付款的，在实际付款日确认收入的实现。

（三）采取银行按揭方式销售开发产品的，应按销售合同或协议约定的价款确定收入额，其首付款应于实际收到日确认收入的实现，余款在银行按揭贷款办理转账之日确认收入的实现。

（四）采取委托方式销售开发产品的，应按以下原则确认收入的实现：

1. 采取支付手续费方式委托销售开发产品的，应按销售合同或协议中约定的价款于收到受托方已销开发产品清单之日确认收入的实现。

2. 采取视同买断方式委托销售开发产品的，属于企业与购买方签订销售合同或协议，或企业、受托方、购买方三方共同签订销售合同或协议的，如果销售合同或协议中约定的价格高于买断价格，则应按销售合同或协议中约定的价格计算的价款于收到受托方已销开发产品清单之日确认收入的实现；如果属于前两种情况中销售合同或协议中约定的价格低于买断价格，以及属于受托方与购买方签订销售合同或协议的，则应按买断价格计算的价款于收到受托方已销开发产品清单之日确认收入的实现。

3. 采取基价（保底价）并实行超基价双方分成方式委托销售开发产品的，属于由企业与购买方签订销售合同或协议，或企业、受托方、购买方三方共同签订销售合同或协议的，如果销售合同或协议中约定的价格高于基价，则应按销售合同或协议中约定的价格计算的价款于收到受托方已销开发产品清单之日确认收入的实现，企业按规定支付受托方的分成额，不得直接从销售收入中减除；如果销售合同或协议约定的价格低于基价的，则应按基价计算的价款于收到受托方已销开发产品清单之日确认收入的实现。属于由受托方与购买方直接签订销售合同的，则应按基价加上按规定取得的分成额于收到受托方已销开发产品清单之日确认收入的实现。

4. 采取包销方式委托销售开发产品的，包销期内可根据包销合同的有关约定，参照上述1至3项规定确认收入的实现；包销期满后尚未出售的开发产品，企业应根据包销合同或协议约定的价款和付款方式确认收入的实现。

第七条 企业将开发产品用于捐赠、赞助、职工福利、奖励、对外投资、分配给股东或投资人、抵偿债务、换取其他企事业单位和个人的非货币性资产等行为，应视同销售，于开发产品所有权或使用权转移，或于实际取得利益权利时确认收入（或利润）的实现。确认收入（或利润）的方法和顺序为：

（一）按本企业近期或本年度最近月份同类开发产品市场销售价格确定；

（二）由主管税务机关参照当地同类开发产品市场公允价值确定；

（三）按开发产品的成本利润率确定。开发产品的成本利润率不得低于15%，具体比例由主管税务机关确定。

第八条 企业销售未完工开发产品的计税毛利率由各省、自治区、直辖市国家税务局、地方税务局按下列规定进行确定：

（一）开发项目位于省、自治区、直辖市和计划单列市人民政府所在地城市城区和郊区的，不得低于15%。

（二）开发项目位于地及地级市城区及郊区的，不得低于10%。

（三）开发项目位于其他地区的，不得低于5%。

（四）属于经济适用房、限价房和危改房的，不得低于3%。

第九条 企业销售未完工开发产品取得的收入，应先按预计计税毛利率分季（或月）计算出预计毛利额，计入当期应纳税所得额。开发产品完工后，企业应及时结算其计税成本并计算此前销售收入的实际毛利额，同时将其实际毛利额与其对应的预计毛利额之间的差额，计入当年度企业本项目与其他项目合并计算的应纳税所得额。

在年度纳税申报时，企业须出具对该项开发产品实际毛利额与预计毛利额之间差异调整情况的报告以及税务机关需要的其他相关资料。

第十条 企业新建的开发产品在尚未完工或办理房地产初始登记、取得产权证前，与承租人签订租赁预约协议的，自开发产品交付承租人使用之日起，出租方取得的预租价款按租金确认收入的实现。

第三章 成本、费用扣除的税务处理

第十一条 企业在进行成本、费用的核算与扣除时，必须按规定区分期间费用和开发产品计税成本、已销开发产品计税成本与未销开发产品计税成本。

第十二条 企业发生的期间费用、已销开发产品计税成本、营业税金及附加、土地增值税准予当期按规定扣除。

第十三条 开发产品计税成本的核算应按第四章的规定进行处理。

第十四条 已销开发产品的计税成本，按当期已实现销售的可售面积和可售面积单位工程成本确认。可售面积单位工程成本和已销开发产品的计税成本按下列公式计算确定：

可售面积单位工程成本 = 成本对象总成本 ÷ 成本对象总可售面积

已销开发产品的计税成本 = 已实现销售的可售面积 × 可售面积单位工程成本

第十五条　企业对尚未出售的已完工开发产品和按照有关法律、法规或合同规定对已售开发产品（包括共用部位、共用设施设备）进行日常维护、保养、修理等实际发生的维修费用，准予在当期据实扣除。

第十六条　企业将已计入销售收入的共用部位、共用设施设备维修基金按规定移交给有关部门、单位的，应于移交时扣除。

第十七条　企业在开发区内建造的会所、物业管理场所、电站、热力站、水厂、文体场馆、幼儿园等配套设施，按以下规定进行处理：

（一）属于非营利性且产权属于全体业主的，或无偿赠与地方政府、公用事业单位的，可将其视为公共配套设施，其建造费用按公共配套设施费的有关规定进行处理。

（二）属于营利性的，或产权归企业所有的，或未明确产权归属的，或无偿赠与地方政府、公用事业单位以外其他单位的，应当单独核算其成本。除企业自用应按建造固定资产进行处理外，其他一律按建造开发产品进行处理。

第十八条　企业在开发区内建造的邮电通讯、学校、医疗设施应单独核算成本，其中，由企业与国家有关业务管理部门、单位合资建设，完工后有偿移交的，国家有关业务管理部门、单位给予的经济补偿可直接抵扣该项目的建造成本，抵扣后的差额应调整当期应纳税所得额。

第十九条　企业采取银行按揭方式销售开发产品的，凡约定企业为购买方的按揭贷款提供担保的，其销售开发产品时向银行提供的保证金（担保金）不得从销售收入中减除，也不得作为费用在当期税前扣除，但实际发生损失时可据实扣除。

第二十条　企业委托境外机构销售开发产品的，其支付境外机构的销售费用（含佣金或手续费）不超过委托销售收入 10% 的部分，准予据实扣除。

第二十一条　企业的利息支出按以下规定进行处理：

（一）企业为建造开发产品借入资金而发生的符合税收规定的借款费用，可按企业会计准则的规定进行归集和分配，其中属于财务费用性质的借款费用，可直接在税前扣除。

（二）企业集团或其成员企业统一向金融机构借款分摊集团内部其他成员企业使用的，借入方凡能出具从金融机构取得借款的证明文件，可以在使用借款的企业间合理的分摊利息费用，使用借款的企业分摊的合理利息准予在税前扣除。

第二十二条　企业因国家无偿收回土地使用权而形成的损失，可作为财产损失按有关规定在税前扣除。

第二十三条　企业开发产品（以成本对象为计量单位）整体报废或毁损，其净损失按有关规定审核确认后准予在税前扣除。

第二十四条　企业开发产品转为自用的，其实际使用时间累计未超过 12 个月又销售的，不得在税前扣除折旧费用。

第四章　计税成本的核算

第二十五条　计税成本是指企业在开发、建造开发产品（包括固定资产，下同）过程中所发生的按照税收规定进行核算与计量的应归入某项成本对象的各项费用。

第二十六条　成本对象是指为归集和分配开发产品开发、建造过程中的各项耗费而确定的费用承担项目。计税成本对象的确定原则如下：

（一）可否销售原则。开发产品能够对外经营销售的，应作为独立的计税成本对象进行成本核算；不能对外经营销售的，可先作为过渡性成本对象进行归集，然后再将其相关成本摊入能够对外经营销售的成本对象。

（二）分类归集原则。对同一开发地点、竣工时间相近、产品结构类型没有明显差异的群体开发的项目，可作为一个成本对象进行核算。

（三）功能区分原则。开发项目某组成部分相对独立，且具有不同使用功能时，可以作为独立的成本对象进行核算。

（四）定价差异原则。开发产品因其产品类型或功能不同等而导致其预期售价存在较大差异的，应分别作为成本对象进行核算。

（五）成本差异原则。开发产品因建筑上存在明显差异可能导致其建造成本出现较大差异的，要分别作为成本对象进行核算。

（六）权益区分原则。开发项目属于受托代建的或多方合作开发的，应结合上述原则分别划分成本对象进行核算。

成本对象由企业在开工之前合理确定，并报主管税务机关备案。成本对象一经确定，不能随意更改或相互混淆，如确需改变成本对象的，应征得主管税务机关同意。

第二十七条　开发产品计税成本支出的内容如下：

（一）土地征用费及拆迁补偿费。指为取得土地开发使用权（或开发权）而发生的各项费用，主要包括土地买价或出让金、大市政配套费、契税、耕地占用税、土地使用费、土地闲置费、土地变更用途和超面积补交的地价及相关税费、拆迁补偿支出、安置及动迁支出、回迁房建造支出、农作物补偿费、危房补偿费等。

（二）前期工程费。指项目开发前期发生的水文地质勘察、测绘、规划、设计、可行性研究、筹建、场地通平等前期费用。

（三）建筑安装工程费。指开发项目开发过程中发生的各项建筑安装费用。主要包括开发项目建筑工程费和开发项目安装工程费等。

（四）基础设施建设费。指开发项目在开发过程中所发生的各项基础设施支出，主要包括开发项目内道路、供水、供电、供气、排污、排洪、通讯、照明等社区管网工程费和环境卫生、园林绿化等园林环境工程费。

（五）公共配套设施费：指开发项目内发生的、独立的、非营利性的，且产权属于全体业主的，或无偿赠与地方政府、政府公用事业单位的公共配套设施支出。

（六）开发间接费。指企业为直接组织和管理开发项目所发生的，且不能将其归属于特定成本对象的成本费用性支出。主要包括管理人员工资、职工福利费、折旧费、修理费、办公费、水电费、劳动保护费、工程管理费、周转房摊销以及项目营销设施建造费等。

第二十八条　企业计税成本核算的一般程序如下：

（一）对当期实际发生的各项支出，按其性质、经济用途及发生的地点、时间区进行整理、归类，并将其区分为应计入成本对象的成本和应在当期税前扣除的期间费用。同时还应按规定对在有关预提费用和待摊费用进行计量与确认。

（二）对应计入成本对象中的各项实际支出、预提费用、待摊费用等合理的划分为直接成本、间接成本和共同成本，并按规定将其合理的归集、分配至已完工成本对象、在建成本对象和未建成本对象。

（三）对期前已完工成本对象应负担的成本费用按已销开发产品、未销开发产品和固定资产进行分配，其中应由已销开发产品负担的部分，在当期纳税申报时进行扣除，未销开发产品应负担的成本费用待其实际销售时再予扣除。

（四）对本期已完工成本对象分类为开发产品和固定资产并对其计税成本进行结算。其中属于开发产品的，应按可售面积计算其单位工程成本，据此再计算已销开发产品计税成本和未销开发产品计税成本。对本期已销开发产品的计税成本，准予在当期扣除，未销开发产品计税成本待其实际销售时再予扣除。

（五）对本期未完工和尚未建造的成本对象应当负担的成本费用，应按分别建立明细台帐，待开发产品完工后再予结算。

第二十九条　企业开发、建造的开发产品应按制造成本法进行计量与核算。其中，应计入开发产品成本中的费用属于直接成本和能够分清成本对象的间接成本，直接计入成本对象，共同成本和不能分清负担对象的间接成本，应按受益的原则和配比的原则分配至各成本对象，具体分配方法可按以下规定选择其一：

（一）占地面积法。指按已动工开发成本对象占地面积占开发用地总面积的比例进行分配。

1. 一次性开发的，按某一成本对象占地面积占全部成本对象占地总面积的比例进行分配。

2. 分期开发的，首先按本期全部成本对象占地面积占开发用地总面积的比例进行分配，然后再按某一成本对象占地面积占期内全部成本对象占地总面积的比例进行分配。

期内全部成本对象应负担的占地面积为期内开发用地占地面积减除应由各期成本对象共同负担的占地面积。

（二）建筑面积法。指按已动工开发成本对象建筑面积占开发用地总建筑面积的比例进行分配。

1. 一次性开发的，按某一成本对象建筑面积占全部成本对象建筑面积的比例进行分配。

2. 分期开发的，首先按期内成本对象建筑面积占开发用地计划建筑面积的比例进行分配，然后再按某一成本对象建筑面积占期内成本对象总建筑面积的比例进行分配。

（三）直接成本法。指按期内某一成本对象的直接开发成本占期内全部成本对象直接开发成本的比例进行分配。

（四）预算造价法。指按期内某一成本对象预算造价占期内全部成本对象预算造价的比例进行分配。

第三十条　企业下列成本应按以下方法进行分配：

（一）土地成本，一般按占地面积法进行分配。如果确需结合其他方法进行分配的，应商税务机关同意。

土地开发同时连结房地产开发的，属于一次性取得土地分期开发房地产的情况，其土地开发成本经商税务机关同意后可先按土地整体预算成本进行分配，待土地整体开发完毕再行调整。

（二）单独作为过渡性成本对象核算的公共配套设施开发成本，应按建筑面积法进行分配。

（三）借款费用属于不同成本对象共同负担的，按直接成本法或按预算造价法进行分配。

（四）其他成本项目的分配法由企业自行确定。

第三十一条　企业以非货币交易方式取得土地使用权的，应按下列规定确定其成本：

（一）企业、单位以换取开发产品为目的，将土地使用权投资企业的，按下列规定进行处理：

1. 换取的开发产品如为该项土地开发、建造的，接受投资的企业在接受土地使用权时暂不确认其成本，待首次分出开发产品时，再按应分出开发产品（包括首次分出的和以后应分出的）的市场公允价值和土地使用权转移过程中应支付的相关税费计算确认该项土地使用权的成本。如涉及补价，土地使用权的取得成本还应加上应支付的补价款或减除应收到的补价款。

2. 换取的开发产品如为其他土地开发、建造的，接受投资的企业在投资交易发生时，按应付出开发产品市场公允价值和土地使用权转移过程中应支付的相关税费计算确认该项土地使用权的成本。如涉及补价，土地使用权的取得成本还应加上应支付的补价款或减除应收到的补价款。

（二）企业、单位以股权的形式，将土地使用权投资企业的，接受投资的企业应在投资交易发生时，按该项土地使用权的市场公允价值和土地使用权转移过程中应支付的相关税费计算确认该项土地使用权的取得成本。如涉及补价，土地使用权的取得成本还应加上应支付的补价款或减除应收到的补价款。

第三十二条　除以下几项预提（应付）费用外，计税成本均应为实际发生的成本。

（一）出包工程未最终办理结算而未取得全额发票的，在证明资料充分的前提下，其发票不足金额可以预提，但最高不得超过合同总金额的 10% 。

（二）公共配套设施尚未建造或尚未完工的，可按预算造价合理预提建造费用。此类公共配套设施必须符合已在售房合同、协议或广告、模型中明确承诺建造且不可撤销，或按照法律法规规定必须配套建造的条件。

（三）应向政府上交但尚未上交的报批报建费用、物业完善费用可以按规定预提。

物业完善费用是指按规定应由企业承担的物业管理基金、公建维修基金或其他专项基金。

第三十三条　企业单独建造的停车场所，应作为成本对象单独核算。利用地下基础设施形成的停车场所，作为公共配套设施进行处理。

第三十四条　企业在结算计税成本时其实际发生的支出应当取得但未取得合法凭据的，不得计入计税成本，待实际取得合法凭据时，再按规定计入计税成本。

第三十五条　开发产品完工以后，企业可在完工年度企业所得税汇算清缴前选择确定计税成本核算的终止日，不得滞后。凡已完工开发产品在完工年度未按规定结算计税成本，主管税务机关有权确定或核定其计税成本，据此进行纳税调整，并按《中华人民共和国税收征收管理法》的有关规定对其进行处理。

第五章　特定事项的税务处理

第三十六条　企业以本企业为主体联合其他企业、单位、个人合作或合资开发房地产项目，且该项目未成立独立法人公司的，按下列规定进行处理：

（一）凡开发合同或协议中约定向投资各方（即合作、合资方，下同）分配开发产品的，企业在首次分配开发产品时，如该项目已经结算计税成本，其应分配给投资方开发产品的计税成本与其投资额之间的差额计入当期应纳税所得额；如未结算计税成本，则将投资方的投资额视同销售收入进行相关的税务处理。

（二）凡开发合同或协议中约定分配项目利润的，应按以下规定进行处理：

1. 企业应将该项目形成的营业利润额并入当期应纳税所得额统一申报缴纳企业所

得税，不得在税前分配该项目的利润。同时不能因接受投资方投资额而在成本中摊销或在税前扣除相关的利息支出。

2. 投资方取得该项目的营业利润应视同股息、红利进行相关的税务处理。

第三十七条　企业以换取开发产品为目的，将土地使用权投资其他企业房地产开发项目的，按以下规定进行处理：

企业应在首次取得开发产品时，将其分解为转让土地使用权和购入开发产品两项经济业务进行所得税处理，并按应从该项目取得的开发产品（包括首次取得的和以后应取得的）的市场公允价值计算确认土地使用权转让所得或损失。

第六章　附　则

第三十八条　从事房地产开发经营业务的外商投资企业在 2007 年 12 月 31 日前存有销售未完工开发产品取得的收入，至该项开发产品完工后，一律按本办法第九条规定的办法进行税务处理。

第三十九条　本通知自 2008 年 1 月 1 日起执行。